歴史文化ライブラリー

97

楽園の図像

海《かい》獣《じゅう》葡《ぶ》萄《どう》鏡《きょう》の誕生

石渡美江

吉川弘文館

原則として、初版で掲載した口絵は割愛しております。

目次

海獣葡萄鏡への旅立ち——プロローグ

海獣葡萄鏡《かいじゅうぶどうきょう》は中国で作られた銅鏡であるにもかかわらず、背面を飾っている文様は、西方から流入した葡萄唐草文《ぶどうからくさもん》の中に、「海獣」とよばれている獅子《しし》、天馬、孔雀《くじゃく》、麒麟《きりん》などの動物が躍動している図像である（口絵）。

唐の都、長安城には遠く何千キロも離れた流砂のかなたから、ペルシア人、ソグド人、ウイグル人などの商人がやってきていた。彼らは織物、金銀器、ガラス器、香料、典籍などの文物をもたらし、中国から絹織物を西方に輸出していた。西方の商人のもたらすこれらの文物は、唐の人々にとっても刺激的で珍しいものであった。それらの文物はペルシア文様やソグド文様を織り込んだ錦、アフガニスタンなどで制作された鍍金銀製八曲長杯《ときんぎんせいはっきょくちょうはい》、胡服《こふく》など多様であったが、やがて中国で制作される文物の文様や形態にも、多くの影響を与えた。海獣葡萄鏡の背面を飾る文様も、そのような国際的な唐文化を反映したもので、当時としては最も斬新な意匠であったに違いない。

海獣葡萄鏡の文様について今までに著された書物の中心的課題は、「海獣」とは何を表しているのだろうかという問題である。古くは、ペルシアで葡萄のような植物であるハオマ（Haoma）が、中国に「海馬」（Hai-ma）と誤って伝えられたというフリードリッヒ・ヒルトの説がある。その後も宋代の文献『宣和博古図録《せんなはくこずろく》』の「海馬葡萄鏡《かいばぶどうきょう》」、清代の文献『西清古鑑《せいせいこかん》』に「海獣葡萄鏡」と記載されていることから、図像よりもむしろ文献学的な考察が行われてきた。

一方、わが国でも著名な葡萄唐草文もシルクロードを通して西域から中国に伝播《でんぱ》した文様であり、かつ敦煌《とんこう》や雲崗《うんこう》などの石窟寺院《せっくつじいん》の装飾に使用されているので、安易に仏教の文様であるとされてきた。しかしなぜ、中国の人々が仏教的といわれる葡萄唐草文や世俗的な動物文様を、鏡の背面に使用したのであろうか。これら外来の文様の具体的な分析や意味などに関する研究は極めて少なく、ただ西方の文様であるということだけが明らかにされたにすぎない。このように従来の「海獣葡萄鏡」研究はやや偏っており、核心に迫った考察は管見によれば絶無といっても過言ではないのである。

そこで筆者は、従来の研究のように海獣葡萄鏡の中心に配置されている葡萄唐草文と「海獣」とよばれている動物だけに考察を限定するのではなく、そのほかに鏡の外側の部分に配置されている鳥や小動物も含めて、具体的に資料を再検討、比較検討することが必要と考えるにいたった。また、葡萄唐草文は西方渡来の文様であるから、それを含む海獣葡萄鏡の文様を東（中国）から調べるのではなく、西の方（地中海世界、西アジア、中央アジア）からこの文様を精査しその伝播を跡づけなければならない。このような二つの視点にもとづいて海獣葡萄鏡の成立過程を再検討することを通して、中国の人々がどのように西方の文化を取り入れたのかを考えるのが、本書の主要なテーマである。

西域の文化と唐鏡

唐と西域諸国の人々

西安南郊何家村での新発見

一九七〇年の秋、西安南郊何家村《かかそん》の穴蔵より二個の瓶《へい》が発掘され、その中から金銀器約二七〇点や外国の金、銀貨などが発見された。この場所は唐長安城の条理からすると興化坊《こうかぼう》のあたりであった。何家村の穴蔵を発掘した中国の学者は、玄宗の叔父の子、李守礼《りしゅれい》の屋敷が興化坊にあったことから、李守礼の子供が（李守礼は当時すでに死亡していた）安史の乱に遭遇して四川へと逃げる際に、金銀財宝を埋めたものであると解釈した。

金銀貨の中には中国の貨幣はもとより、東ローマ帝国のヘラクリウス金貨（五世紀）、ササン朝ペルシアのホスロー二世銀貨（六世紀末〜七世紀前半）、「高昌吉利《こうしょうきつり》」銅貨、わが国の「和同開珎《わどうかいちん》」銀貨など各地の貨幣が含まれていた。このような貨幣が長安城内の貴族の屋敷から発掘されたことは、唐の周辺諸国の人々が長安に来ていたことを間接的に物語るものである。もちろん「和同開珎」は日本から唐に渡った遣唐使が持っていったものに違いないが、他は西方の国々の貨幣であって、北魏《ほくぎ》から初唐の墓の副葬品としても出土していて、すでに唐以前より西方の人々が中国に来ていたことが明らかであるが、最も盛んになったのは唐時代になってからであろう。

ササン朝ペルシアの王子の亡命

唐の太宗は貞観一四年（六四〇）高昌国を滅ぼして、安西都護府《あんせいとごふ》を設置し、西域に進出した。高宗の顕慶二年（六五七）には西突厥《にしとっけつ》を滅ぼして、パミール高原以西の国を羈縻州《きびしゅう》としたので、西域諸国の人々の往来はますます盛んになった。

このころ、ササン朝ペルシアの最後の帝王ヤズドガルド三世（六三二～六五一）はネハーヴァンドの戦いでイスラム軍に敗れ、中央アジアへ逃走する途中に殺害され、ササン朝ペルシアは六五一年滅亡した。その王子ペーローズは唐に対して援軍を求めてきたがかなわず、結局唐に亡命した。

ペーローズは儀鳳《ぎほう》二年（六七七）長安に波斯胡寺《はしこじ》を建てることを許され、醴泉坊《れいせんぼう》に建立した。波斯胡寺とはペルシア人やソグド人たちが信仰していた、ゾロアスター教（祆教）の寺院のことであった。ペルシア人たちはその後も中国に交易を求めてやってきたが、中国に住み着いた人たちもいた。一九五五年、西安西郊土門村より蘇諒《そりょう》の妻馬氏の墓が発見された。墓誌銘は咸通《かんつう》一五年（八七四）に亡くなり、ゾロアスター教徒であることが、パフラヴィー文字と漢字で書かれていた。

長安には仏教寺院やゾロアスター教寺院をはじめとして、陝西省博物館碑林《ひりん》の「大秦景《だいしんけい》教流行中国碑《きょうりゅうこうちゅうごくひ》」にあるようなネストリウス派のキリスト教やウイグル人たちが信仰していたマニ教の寺院が、外国人が住んでいた西市の周辺に建てられ、この時代の主要な宗教の寺院がこの都市に集まっていた。

西域のファッションとスポーツ

このころ、唐の貴族たちの間では男女とも筒袖《つつそで》で開襟式の襟がついた長めの上着に、ズボンをはく胡服《こふく》が流行した。これらの服装は当時西域から入ってきた新しいファッションであって、宮廷の女性たちの間に流行し、着用された。則天武后《そくてんぶこう》の孫にあたる永泰公主《えいたいこうしゅ》の墓の石槨《せっかく》に線彫りで描かれた宮廷の女性たちの中には、このような西域の服装をしている女性が見られる。このころは宮廷女性の間で、乗馬やポロ競技が流行した。女性たちの馬の乗り方は横座りではなく、男性のようにまたがって座る乗り方をしたために、長いスカートをはく唐女性の服装より、胡服の方が活動的で都合がよかったのである。

女性たちの中には額、眼の左右、両頬、口の左右、顎にアクセントを描く花鈿《かでん》や靨鈿《ようでん》という化粧も流行した。このような化粧はクシャーン朝時代に女神の額や頬につけられていたものであるが、西域（西トルキスタン）に起源しイラン文化や西域文化の東漸《とうぜん》とともに中国に伝わったものである（田辺勝美『ガンダーラから正倉院へ』同朋舎出版）。さすがに顔のなかに八つのアクセントをすべて描く人は少なかったと思われるが、トルファン県アスターナの張雄夫婦《ちょうゆうふうふ》墓《ぼ》から出土した女性俑《よう》のように、額や頬に花びらのような化粧を品良くしている例がある。

また、貴族たちの間には西域から伝わった馬上のホッケーともいうべきポロ競技を、男性も女性も楽しんでいた。長安の大明宮の中にはポロ競技の競技場が作られ、玄宗皇帝も皇太子のころポロ競技を行っている。高宗と則天武后の第二子である章懐太子《しょうかいたいし》の墓の墓道に描かれた壁画には、ポロ競技を楽しむ人々がいきいきと描写されている。

章懐太子墓の壁画には狩猟にいざ出かけようとしている「出猟図《しゅつりょうず》」が描かれている。その当時の狩猟は軍事訓練も兼ねたスポーツとして行われた。狩猟している人々の中に馬の尻に豹《ひょう》のような動物をのせている様子が見られるが、豹ではなくチータである。また、懿徳太子《いとくたいし》墓の「馴豹図《じゅんひょうず》」も豹と解説されているけれども、狩猟に採用するのは豹ではなくチータである。西アジアでは古代からチータを飼いならし、狩猟に使用することが行われていた。初期イスラムの時代にはチータを馬の尻にのせて狩猟に出かけたのである。藤井純夫氏は中国の墓の壁画に描かれたのは豹ではなくチータであり、西域から献上されたもので、中国で飼いならす必要がなかったのではないかと述べている（藤井純夫「チータに見られる東西交渉」『ORIENTE』Oct. 1990）。とにかく、このような西アジア産のチータを使用する狩猟はそれまでの中国にはなかった風習で、西域より伝わったものであった。

西域の音楽と舞踊

一九五七年に西安市西郊南何村《なんかそん》で鮮于庭誨《せんうていかい》という人物の墓が発掘され、その中より唐三彩の俑が二一点出土した。鮮于庭誨は玄宗の開元一一年（七二三）に死亡しているので、盛唐時代の墓である。三彩の俑には駱駝《らくだ》の上に五人の人物が乗ったものがあり、五人の人物のうち三人が深目高鼻多鬚《しんもくこうびたしゅ》の胡人《こじん》であった。彼らは琵琶《びわ》を弾く者、篳篥《ひちりき》を吹く者、両手で拍子を打つ者、踊りを踊る者など、ちょうど彼らの故郷の音楽や舞踊を演奏しているようであった。また、別の貴族墓の壁画には、「箜篌《くご》」という竪琴や琴、笛、琵琶、簓《ささら》、シンバルなどの楽器を演奏する人々と歌を歌うボーカルなど唐代風のバンドに、絨毯《じゅうたん》の上で踊る胡人のダンサーが描かれていた。この時代には、東南アジアから南詔楽《なんしょうがく》、驃楽《ひょうがく》、西域からクチャ楽（亀茲楽《きじがく》）、西涼楽《せいりょうがく》などが将来し、東西の音楽や舞踊が演奏されていた。西域の踊りは音楽にのって激しく旋回するので、胡旋舞《こせんぶ》とよばれていた。唐の詩人岑参《しんじん》は胡旋舞の旋回する様子を、「回裾《かいきょ》、転袖《てんしゅう》、飛雪の若《ごと》く、左、右、旋風を生ず」と詠《うた》っている。

西域のワイン

最近テレビのニュースを見ていたら、中国ではワインが流行していることを報じていた。中国の人々はすでに漢時代よりワインを飲んでいたことが記録されているが、それは玉門関以西のことである。中国でワインが盛んに飲まれるようになったのは唐時代であった。西域からシルクロードを通して多くの人々が行き来するようになると、ワインも当然のごとく中国に入ってきたであろう。ワインそのものは一〇〇〇年以上前のものが残っていることは少ないから実物は明らかではないが、それを飲んだと思われる酒器が多く出土しているのでその飲用は疑問の余地がなかろう。大同より出土した北魏時代の酒杯は高い脚がついた杯や把手上部に拇指《ぼし》を置く平板をつけた杯など、明らかに西域で作られた酒杯である。これらの酒杯もワインを飲む風習とともに中国にもたらされたのである。このような形の杯は隋・唐時代になると中国人の手によって、中国で作られるようになり、貴族の墓や何家村の穴蔵からも出土している。また、深目高鼻の西域の男性が大きな革袋を持っている人形で、その中が中空となっている酒樽《しゆそん》が、西安市東郊韓森寨段伯陽墓《かんしんさいだんはくようぼ》（六六七年）から出土している。おそらく、大きな革袋には、遠く西域から駱駝や馬の背に積んで運んできたワインが入っていたであろう。

唐の詩人たちは西域の女性（胡姫《こき》）の酌《しやく》によって、エキゾチックな葡萄《ぶどう》の美酒に酔いしれたことを詠った詩を数多く残している。詩人たちが酔いしれたワインは、高昌やキジル、大宛《だいえん》（フェルガーナ）などから輸入したものであったであろう。

このように当時の長安は西域各国からの人々が集まり、それぞれの文物、宗教、音楽、舞踊などが錯綜《さくそう》する国際都市であった。

西域文化の受容と唐鏡

唐の工芸技術

西域の人々がもたらした金銀器、織物、ガラス器などの工芸品やササン朝ペルシアのドラクマ銀貨は、以前から中国の貴族たちにもてはやされた。しかし、高い工芸技術を持っている唐の人々は、異文化の中で作られた工芸品をそのまま使用することはしなかった。貴族の墓や屋敷から出土する多くの容器や銅鏡は、西域風のデザインや形態を取り入れているけれど、すでに中国風の容器や銅鏡になっている。何家村の穴蔵から出土した銀器には、現在も私たちが使用するコーヒーカップのような形の容器に、拇指《ぼし》を置く平板のついた把手をもつ杯や瑪瑙《めのう》製の角杯、西トルキスタン（ソグド?）風の八曲長杯《はっきょくちょうはい》に中国風の唐草文様がついているものなど、唐の人々が西域の文様や形態を研究している様子が見え隠れしている。銅鏡にも同じように西域の文様をそのまま用いるのではなく、中国風に仕立て直して用いたのである。

新しい文様の鏡

最近、奈良県天理市の黒塚古墳より三角縁神獣鏡《さんかくぶちしんじゅうきょう》が三四枚も出土して、学会やマスコミに注目されている。この銅鏡は耶馬台国の女王卑《ひ》弥《み》呼《こ》が魏国よりもらってきたものか、あるいは日本で作られた鏡なのか、論争はつきない。いずれにしてもこの銅鏡の文様は日本に古くからある文様ではなくて、中国の伝統にもとづいた文様であり、日本へ流入してきたものにまちがいない。卑弥呼が使いを出したころの中国の鏡は、神仙思想を図像化した神獣鏡や内行花文鏡、方格規矩鏡《ほうかくきくきょう》、盤竜鏡《ばんりゅうきょう》などが作られていた。

しかし、唐時代になると銅鏡の文様はそれ以前のものとは異なった海獣葡萄鏡《かいじゅうぶどうきょう》、双鳳《そうほう》双鸞鏡《そうらんきょう》、狩猟文鏡《しゅりょうもんきょう》、宝相華文鏡《ほっそうげもんきょう》、三楽鏡《さんらくきょう》など、新しい文様が出現した。そのうち海獣葡萄鏡、双鳳双鸞鏡、狩猟文鏡、宝相華文鏡は西域の文様を取り入れて作られたものであった。西域の植物である葡萄、王の狩猟、パルメットを用いた宝相華文様がついているものなど、もとはといえば西域の文様であって、それを中国の文様と合わせて、新しい文様を生み出したのである。

新しい形の鏡

一方、銅鏡の形態もそれまでの円形の鏡から、花びらのような形の六花鏡、八花鏡や六稜形、八稜鏡などの新しい形が出現し、盛唐のころになると、円形の鏡よりもむしろこの形の鏡の方が多く作られた。新しい形の花形、稜花形は中国固有のもののように見なされているが、シルクロードを経て中国に伝わった西域の銀器から習得したものであった。花形は西域の銀器の口縁部が六花や八花になったものから六花形や八花形にしたものである。稜形は西安韓森寨《かんしんさい》出土の銀盤がその手がかりを教えてくれるであろう。この銀盤は対葉している宝相華文の外側の輪郭《りんかく》を切り落として八稜にしたものであり、おそらく鏡の外形もこのような文様の中から生まれたのである。西域の銀器には八曲長杯や六花形の杯などがあり、このような銀器は北魏時代より中国に途絶することなく流入している。唐時代になると、銀器、陶器、鏡などに花形や稜花形が流行した。

宝飾鏡の出現

毎年秋になると奈良国立博物館で行われる「正倉院展」で、美しい貴石や貝殻をはめこんだ螺鈿鏡《らでんきょう》を見た方も多いと思う。この螺鈿鏡は唐時代に流行した鏡である。唐時代には西域のデザインや形態を取り入れることだけでなく、銅鏡の背面を美しく飾る宝飾鏡《ほうしょくきょう》が作られた。背面に貝殻や貴石をはめ込んだ螺鈿鏡や打ち出し文様をつけた銀を貼った貼銀鏡《ちょうぎんきょう》、漆《うるし》で金箔《きんぱく》を貼った平脱鏡《へいだつきょう》など、それまでと異なった種類の銅鏡が考案され制作されたのである。

正倉院に伝わる平螺鈿背八花鏡《へいらでんはいのはっかきょう》は、唐で作られた鏡である。しかしその背面は東海や南海のサザエの貝殻にミャンマー産の琥珀《こはく》、イラン産のトルコ石などを埋め込んだもので、材料だけみても当時の国際性を表すものであった。背面に打ち出し文様をつけた銀を貼った貼銀鏡は銀器の手法を用いて作られているので、装飾文にはササン朝ペルシアの銀器の文様を取り入れて中国風にした文様が使用されている場合もある。また、平脱鏡は金や銀で文様をかたどった板を漆《うるし》ばりして研ぎだしたものである。これらの鏡は銅鏡の職人だけではなく、漆・金銀器の職人など、いくつかの工芸技術の集大成ともいうべき職人の技からなっていて、唐時代における工芸の技術水準が高いことを示すものであった。

しかし、このようにして作られた青銅鏡も盛唐をすぎると、踏み返し法による大量生産になり、鏡の大きさも小型化していった。背面の文様も西域の文様を取り入れるような新しい試みもなくなり、やがて実用的な青銅鏡となっていった。それはあたかも大唐帝国の落日と同じ運命をたどっているようであった。

海獣葡萄鏡とは

デパートの展覧会

今から二七年も前であろうか、新宿の小田急デパートで、香取神宮の御神宝の展覧会が開催された。現在でこそ県や市には立派な博物館や美術館が建ち、展覧会を行っているが、東京も東京オリンピックが終わったばかりのころは博物館や美術館が少なく、デパートが新聞社とともに学術的な展覧会を開催していた。直径三〇センチ近い大きな海獣葡萄鏡《かいじゅうぶどうきょう》を間近に見て、私と友人は思わず大声で「きれいな鏡だね」と叫んでしまい、あわてて周りを見回したことを思い出す。二人とも考古学を学んでいたから海獣葡萄鏡を知っていたが、白銅にかがやく海獣葡萄鏡はやはり美しかったのである。しばらく見てから、「どうしてこの鏡は海獣葡萄鏡とよばれるのだろうか」

という素朴な疑問がわいてきた。

海獣葡萄鏡という名称は、以前からこのようによばれているからそうよんでいるが、よく見ると海獣などはどこにもいない鏡である。私たちが一般的に海獣とよんでいるのは、オットセイやセイウチ、ジュゴン、海豚《いるか》など川や海にいる哺乳類のことを総称してよぶ言葉である。海獣がついていないのに、海獣葡萄鏡とよぶのはどうしてなのだろうか。そして、どこでこのような名称がついたのであろうか。

中国の文献による名称

北宋の第八代徽宗皇帝《きそうこうてい》は自ら絵画や書、音楽などに才能を発揮するとともに、文芸の保護や育成、文化財の収集などを熱心に行った。しかし文芸活動にあまりにも熱心なために政治がおろそかになり、北方に興隆した金によって抑留されてしまったのである。徽宗皇帝によって内府に収集された美術品は分類され、『宣和画譜《せんながふ》』、『宣和書譜《せんなしょふ》』、『宣和博古図録《せんなはくこずろく》』として編纂《へんさん》された。この中の『宣和博古図録』には海獣葡萄鏡が記録されていて、「漢海馬葡萄鏡《かんかいばぶどうきょう》」の名称がつけられている。しかしこの図録に載っている海馬葡萄鏡は、天馬が鏡の内側に二匹、外側に二匹入っているものである。ただ、これによって北宋時代に海獣葡萄鏡の研究が始まり、「漢海馬葡萄鏡」として記録されていたことが明らかである。

一方、清朝になると第六代乾隆帝《けんりゅうてい》は内府にある青銅器などを集めた『西清古鑑《せいせいこかん》』を編纂させた。この本には「漢海獣葡萄鏡《かんかいじゅうぶどうきょう》」という名称で二七面、漢海獣葡萄方鏡一面が載っている。漢と時代を定めているのは葡萄に関連している。葡萄は漢武帝の時代に張騫《ちょうけん》が西域に行って持ち帰ったものであるから、葡萄唐草文を漢文化の所産と考えたのである。この文献をみると、海獣という言葉については何も記載されていない。しかし海獣葡萄鏡の海獣は私たちが一般に考えている〝海獣〟とは異なっていることは明白である。

日本の文献からの名称

日本の文献から海獣葡萄鏡の名称を考えると、聖武天皇が大仏開眼供養《だいぶつかいげんくよう》に使用された品を天平勝宝八年（七五六）に東大寺に寄贈された記録が『東大寺献物帳《とうだいじけんもつちょう》』に載っているが、その中に二〇面の鏡が記述されている。しかし海獣葡萄鏡という名称では記述されていない。おそらく、唐時代には海馬葡萄鏡とも海獣葡萄鏡ともよんでいなかったのではないだろうか。

江戸時代白河楽翁松平定信は、日本各地にある肖像画、扁額《へんがく》、文房具、古銅器などを集めた図録『集古十種《しゅうこじっしゅ》』を編集させた。それには肖像画、扁額、墨跡などとともに銅鐸、刀、鏡など考古学関係の資料もいくつか集められていて、和鏡「武蔵鏡」として海獣葡萄鏡が一面載っている。和鏡として載っていることは、日本のどこかで出土したものかあるいは仿製鏡《ほうせいきょう》であろうか。しかし、鏡の個々の名称は記載されていない。また、法隆寺の天保一三年（一八四二）江戸出開帳の図録ともいうべき『御宝物図絵《ごほうもつずえ》』には三面の鏡が載っていて、そのうち一面が海獣葡萄鏡である。これにも特定の鏡の名称は記載されていない。わが国でも江戸時代より古銅器などを集めた図録は作られたが、鏡の個々の名称はまだつけられていなかった。海獣葡萄鏡の名称でよばれるのは、明治時代になって近代的な考古学研究が始まってから、この名称が使用されることになったのである。

ただ、いまいえることは、清時代に葡萄唐草文《ぶどうからくさもん》に動物が挿入されている鏡の名称として、海獣葡萄鏡を用いたことで、このような文様の鏡の総称として後に海獣葡萄鏡とよぶようになったことである。海獣とは何かという問題は残るが、これ以後の問題は図像研究と関連があるので、次の節で述べることにしたい。

海獣葡萄鏡の図像研究

海獣葡萄鏡《かいじゅうぶどうきょう》の研究は今まで年代を決める編年学的研究、鋳造方法の研究、文様の研究など、多くの学者によりいくつかの面から行われてきた。これらの研究によって海獣葡萄鏡は唐時代の鏡であることが現在では定説になっている。

フリードリッヒ・ヒルトの見解

本書のテーマは海獣葡萄鏡の図像に関連することであるから、その図像の研究史をひもといてみると、一八九六年フリードリッヒ・ヒルト氏が『中国美術におよぼした外国の影響』において鏡の装飾文様について述べている。ヒルト氏は海獣葡萄鏡が『宣和博古図《せんなはくこず》録《ろく》』に「海馬葡萄鏡」と記述されていて、「海馬」および「葡萄」が外国から中国に入ってきたものと考えた。ギリシア文化は漢時代に中国に伝わり、それによって葡萄の栽培も中国に伝わった。葡萄の栽培が伝わったところにはディオニュソス祭も伝わっている。イランではディオニュソス祭のようなハオマ祭があり、ハオマ祭の時に葡萄のような植物であるハオマ（Haoma）で酒を醸造する。これが中国人に「海馬」（Hai-ma）と誤って伝えられたという説である。

ハオマというのはゾロアスター教の聖典『アヴェスタ』に記載されている特殊な植物で、それをすり潰した樹液でもって酒を作って飲むと生命力を得ることができるとされている。ハオマはインドのバラモン教の聖典である『リグ・ヴェーダ』にもソーマ（Soma）という名前で現れるが、天界にあって霊鳥（鷲鳥《しゅうちょう》）によってもたらされるとされている。またソーマは月神と同一視され、不死の甘露水を持っている神と見なされている（辻直四郎『リグ・ヴェーダ賛歌』岩波文庫）。

ヒルト氏の説は強引にハオマ（Haoma）と「海馬」（Hai-ma）を結びつけたものであるが、しかし「海獣」と「海馬」がグレコ・バクトリア（紀元前三〜二世紀、オクサス河中流域に栄えたギリシア人の王国）から中国に伝播《でんぱ》した文様であると考えたことは注目に値しよう。

原田淑人氏は海獣葡萄鏡の文様を中国の文献から考察して、「蒲桃《ぶどう》文錦《もんきん》」の名称が唐時代以前の文献にあることなどから、隋唐時代以前に葡萄唐草文様がイラン方面から中国に入ってきていることをあげている。しかし、「海獣」と「海馬」は唐時代以前の文献には現れていないところから、これらの名称は宋時代の学者が命名したものと考えた。これによって、海獣葡萄鏡は西方イラン方面から入ってきた葡萄唐草文が中国化して、これに六朝末期の四神十二生肖鏡、四獣鏡などの動物を配置した文様が海獣葡萄鏡であると解釈されたのである。その後、葡萄唐草文を中国へ直接もたらしたのは、ササン朝ペルシアであろうとされている（原田淑人「海獣葡萄鏡に就いて」『東亜古文化研究』座右宝刊行会）。

東洋の学者の見解

さらにヨーロッパに留学していた浜田耕作氏は、昭和九年『国華』に「禽獣葡萄鏡《きんじゆうぶどうきよう》に就いて」を発表した。その中でローマのラテラノ美術館にあるローマ時代のレリーフには葡萄唐草文と動物の文様が彫ってあり、この葡萄唐草文はローマと西アジアの交流によって生まれたものと推定している。そして、ヨルダン東部にあるムシャッタの宮殿の城壁に装飾された葡萄唐草文と動物の文様を海獣葡萄鏡と比較したのである。ムシャッタ宮殿の外壁の一部は、オスマン・トルコの皇帝スルタン・アブドゥル＝ハミド二世（一八七六

〜一九〇九在位）からドイツ皇帝に贈られて、ベルリンの博物館に展示されていた。浜田氏がこのレリーフを見たのはベルリンの博物館においてであった。この城壁の装飾は繊細な葡萄唐草文の中に獅子、グリフォン、孔雀、鸚鵡《おうむ》などの動物・鳥が配置されているものであることから、動物や鳥を総称する禽獣葡萄鏡という名称を用いたのである。このような禽獣葡萄唐草文はムシャッタの宮殿の装飾に代表される西方ペルシアに起源があり、これが中国へ東漸して、海獣葡萄鏡になったのであろうという見解を発表された。ただ、当時ヨーロッパの学者たちはムシャッタの宮殿の造営年代を、五世紀から七世紀のササン朝ペルシアの時代と考えていたので、浜田氏も同様の年代を採用されているが、現在では八世紀前半のウマイア朝の建物で、初期イスラムの土城であることが明らかにされている。

一九四〇年梁上椿《りょうじょうちん》氏は『巌窟蔵鏡《がんくつぞうきょう》』において葡萄唐草文と動物、鳥、小動物などについて、「このように複雑華麗に動植物を錯綜《さくそう》させながら組み合わせたものは、前四世紀に西方でしだいに流行し、古代ギリシアの陶器の文様にもあらわれ、また、ローマ彫刻にも多く採用されているが、その構成の起源についてはいかなる議論もないのである」（梁上椿〈田中・岡村訳〉『巌窟蔵鏡』同朋舎出版）とされ、問題提起をしただけで動植物については何も言及してはいない。名称については浜田氏と同様禽獣葡萄鏡という総称を用い、動物や鳥の種類・数によって五獣五鵲葡萄鏡《ごじゅうごじゃくぶどうきょう》、七獣三鳳葡萄鏡《しちじゅうさんほうぶどうきょう》のように使用している。

原田、浜田両氏の研究の結果、海獣葡萄鏡の文様を直接中国に伝えたのは西方ペルシアであるということが定説になっていった。その後、日本あるいは中国においても海獣葡萄鏡の文様が西方ペルシアから伝わったということで、研究者の見解は一致している。

一方、考古学者だけではなく美術史学者も海獣葡萄鏡の図像に対して注目していた。戦後、林良一氏は海獣葡萄鏡の図像を原田、浜田氏より一歩踏み込んで、図像の様式的変遷に主眼をおいて考察された。葡萄唐草文をイラン系瑞果文の東漸としたものであって、葡萄は豊穣の植物であると指摘していることは注目に値しよう。

高松塚古墳の発掘

その後しばらく海獣葡萄鏡の研究にはめだった進展はなかったが、一九七二年三月、奈良県明日香村《あすかむら》の高松塚古墳より美しい壁画とともに海獣葡萄鏡が発掘されて、再び注目されることになった。高松塚古墳は墳丘の直径が一八㍍、高さ五㍍の小さな円墳であって、江戸時代に文武天皇陵とされていた古墳であった。墓室の壁画は中国の永泰公主《えいたいこうしゅ》墓や章懐太子《しょうかいたいし》墓と同じ初唐の絵画や高句麗《こうくり》の壁画古墳の影響を受けたものであって、それまでの日本の壁画古墳と異なった多彩色の洗練された絵画が描かれていた。しかし、副葬品は盗掘にあっていて、銀製《ぎんせい》太刀《たち》飾り、透彫《すかしぼ》り金銅金具、金銅円盤、六花座金具、海獣葡萄鏡など少なかった。高松塚古墳の年代を決める手がかりとなるものは他の出土物が断片であることもあり、海獣葡萄鏡が最も注目されたことから、海獣葡萄鏡の研究がいくつか発表されるようになった。その後の研究でこの海獣葡萄鏡は、中国西安市十里鋪《じゅうりほ》三三七号出土鏡と同伴の鏡であることが明らかになった。

最近の図像研究

樋口隆康氏は高松塚古墳が発掘された翌年、「海獣葡萄鏡論」として図像と編年の研究を発表された（樋口隆康「海獣葡萄鏡論」『橿原考古学研究所論集――創立三五年記念』）。それには『宣和博古図録』に記述されている「海馬葡萄鏡」に天馬の図文があり、西域からイランにかけて流伝している竜馬伝説の「青海の馬」から「海馬」の名称をとったもので、『西清古鑑《せいせいこかん》』では天馬より獅子の方が多いために「海獣」としたのであるという説である。葡萄と動物については西方的な禽獣葡萄文のアイディアに中国的な禽獣を配したものであるという見解である。しかし天馬も獅子も中国にはじめからある動物ではなく、もとはといえば外国から入ってきた動物である。

森豊氏も高松塚古墳が発掘された後に『海獣葡萄鏡』を表され、その中で葡萄唐草文をギリシア、ローマの文様としてとらえ、シルクロードを経て中国にもたらされたものとされている（森豊『海獣葡萄鏡』中公新書）。しかし孔雀以外の鳥や小動物に関してはまったく問題にされていない。

また、勝部明生氏は再び文献から海獣の意味を解明することを試みた。勝部氏は一九八七年中国を訪れたとき、白居易《はっきょい》の「長恨歌《ちょうごんか》」にも詠われている西安郊外にある温泉、かの有名な華清池《かせいち》の発掘を見学された。華清池では楊貴妃の使用した浴池が発掘されていて、その形が海棠《かいどう》の花形をしているところから海棠の「海」の字が海獣と関連あるのではないかと調べると、「海」の字のつく植物・動物が、外国から中国に入ってきたものであることが明らかになった。そして「海獣」たる名称は外国から中国に入ってきた動物であることを表すものであると結論づけたのである（勝部明生「海獣葡萄鏡の〝海獣〟について」『阡陵』）。

このようにわが国における海獣葡萄鏡の図像に関しては、考古資料、文献資料からの比較研究が行われてきたが、明治以来中国の文献に記載されている「海馬」と「海獣」という言葉にあまりにもふりまわされてきた感がある。

さらに、秋山進午氏は海獣葡萄鏡の中に四神鏡と同じように紐をはさんで動物が対置しているものと、動物が一方向に回っているものがあり、前者を対獣葡萄鏡、後者を走獣葡萄鏡と分類するように提唱した（秋山進午「海獣葡萄鏡と走獣葡萄鏡」『富山大学人文学部紀要』第七号)。

では、海獣葡萄鏡の研究では先輩にあたる現代の中国の学者はどのように考えているのであろうか。中国の学者の研究を紹介すると、孔詳星《こうしょうせい》、劉一曼《りゅういちまん》氏は六朝・隋・初唐時代の鏡に見られる四神鏡や十二支鏡など中国の瑞獣文様と、西から入ってきた葡萄唐草文様とを巧みに組み合わせたものが海獣葡萄鏡の図像であるという見解を提示し、瑞獣葡萄《ずいじゆうぶどう》鏡《きょう》という名称を使用している(孔詳星・劉一曼〔高倉洋彰・田崎博之・渡辺芳郎訳〕『図説中国古代銅鏡史』海鳥社)。中国では現在、多くの学者がこの瑞獣葡萄鏡という名称を用いている。

海獣葡萄鏡の名称には海馬葡萄鏡、海獣葡萄鏡、禽獣葡萄鏡《きんじゆうぶどうきょう》、瑞獣葡萄鏡《ずいじゆうぶどうきょう》といくつかの名称が使用されている。これらのさまざまな名称は、各研究者がそれなりの理由があって命名したものであるが、名称にばかり気をとらわれていると図像の問題は解決しない。海獣葡萄鏡の文様は葡萄唐草文と動物文様がともに配されている文様である。天馬や獅子だけではなく、鳥、孔雀《くじゃく》、麒麟《きりん》、マカラ(インドにおいて鰐をイメージした怪魚で水・川・豊穣のシンボル)、龍、蝶、蜂など実に多くの動物が配置されている。葡萄唐草文様に配されたこのような動物も同時に問題にしなければ、この図像の真意は究明できないのではなかろうか。また、葡萄唐草文が西方の文様であるならば、西方では葡萄唐草文と禽獣文様がはたして実在していたのだろうか。さらに、この文様が西方ではどのような意味を持っていたのかという点を明らかにしなければ、海獣葡萄鏡の文様の解決にはいたらないであろう。

また、海獣葡萄鏡の名称については、今まで挙げてきたようにかなりたくさんの名称が使用されている。それゆえ、ここで改称したらまた一つ名前がふえるだけなので、本書ではこの鏡の総称として、従来どおり海獣葡萄鏡の名称を使用することにしたい。

葡萄唐草文の文化史

海獣葡萄鏡以前の葡萄唐草文

海獣葡萄鏡は既述したように、鏡の背面につけられた葡萄の文様の中に海獣とよばれている動物と、孔雀《くじゃく》、そのほかの小鳥、蝶、蜂、蜻蛉《とんぼ》、マカラなどを入れた文様がついている鏡である。中国における葡萄は文献によると、前漢時代に張騫《ちょうけん》が汗血馬《かんけつば》を求めて西域に遠征したとき、大宛《だいえん》（フェルガーナ）から持ってきた植物の一つであるといわれている。葡萄の栽培については『史記』司馬《しば》相如列伝《しょうじょれつでん》に、武帝の上林苑《じょうりんえん》の中に多くの珍しい植物とともに葡萄が植えられていたことが記述されている。このように中国において葡萄の栽培が行われたのは前漢時代（紀元前二〇二～後八）からであるが、葡萄の文様が文物に用いられたのは現存する遺物から判断

織物に表された葡萄唐草文

すると織物が最初であったようである。

新疆《しんきょう》ウイグル自治区民豊のニヤ遺跡から、前漢時代の葡萄文様の毛織物断片が出土した。ただ葡萄の文様は葡萄唐草文ではなかったが、葡萄と人間の顔をした鳥が織り出されていた。ニヤ遺跡はタクラマカン砂漠南の楼蘭《ろうらん》とホータンの間にあって、シルクロードの天山南路の要所となっていた地で、前漢時代に漢の屯田《とんでん》が置かれていた。毛織物は一九五九年に前漢時代の墓より絹織物などとともに発見されたもので、この地域の少数民族の織物であった。毛織物の中には葡萄文様のほかに亀甲文様の中に花を入れた伝統的な中国の文様もあり、中原の文化と密接なつながりがあったことを表している（新疆ウイグル自治区博物館・出土文物展覧工作組編『シルク・ロード――漢唐織物――』文物出版社）。しかし中国に本格的に葡萄唐草文様が出現するのは、西域との往来が頻繁になる北魏時代を待たなければならない。北魏時代から隋・唐時代にはさまざまな様式の葡萄唐草文が西域より流入している。

では主に葡萄唐草文様の中に人物、動物、鳥、虫、蛇などが入っている文様を西方から中国へとたどる旅にでることにしよう。

ギリシア周辺地域の葡萄唐草文

古代ギリシアのワインと葡萄唐草文

今日でこそ、フランスのボルドーやドイツのモーゼルのワインが有名であって、ワイン通でなくともフランスやドイツが良質のワインの輸出国であることを知っている。日本にいてもボルドー産ワインの新酒の解禁日に、時差を利用してフランス人よりも早く飲もうなどと、ワイン輸入会社か何かが宣伝を行ったことがあって、ボルドー産ワインのグラスを片手に大いに盛り上がっていたことがあった。しかし紀元前五世紀から四世紀のころはギリシアがワインの産出国であって、他の国に輸出していた。アテナイの農村では、紀元前五世紀から四世紀にオリーブ油やワインの生産が進み、エーゲ海や黒海沿岸の都市に輸出していた。ハリカリナッソス出身の歴史家ヘロドトスは、紀元前五世紀ころのギリシアやフェニキアでは、オリーブ油とワインをエジプトに輸出していることを記述している（ヘロドトス〔松平千秋訳〕『歴史』巻三、岩波文庫）。そのかわりアテナイでは自給できない小麦を、エジプトや黒海沿岸の地域から輸入していた。ギリシアでは土地がやせていて小麦がとれにくいが、一年中穏和で冬雨が多く夏少ない、いわゆる地中海性の気候のためオリーブ油とワインの生産に適した風土であった。葡萄栽培や葡萄収穫図、ワインの醸造図《じょうぞうず》がギリシア陶器にしばしば描かれることによっても、ギリシアがワインの主な生産地であったことが明らかであろう。ギリシアはワインの産出国であるとともにワインの一大消費国でもあったので、ワインに関する容器も何種類か考案され使用された。ワインを水と混ぜるのに用いたクラテール、杯に注ぐために用いたオイノコエ、オルペ、それにカンタロス、リュトン、キュリックスなどの杯が作られた。

ギリシアの陶器に描かれた葡萄唐草文

ルーブル美術館にある「黒絵式キュリックス」は、紀元前六世紀にギリシアのイオニアで作られ、イタリアのエトルリアで出土したものである(図1)。まず、黒絵式やキュリックスなどの名称について説明しておくことにしよう。黒絵式というのは、地の赤い陶器に黒い絵具を使用して

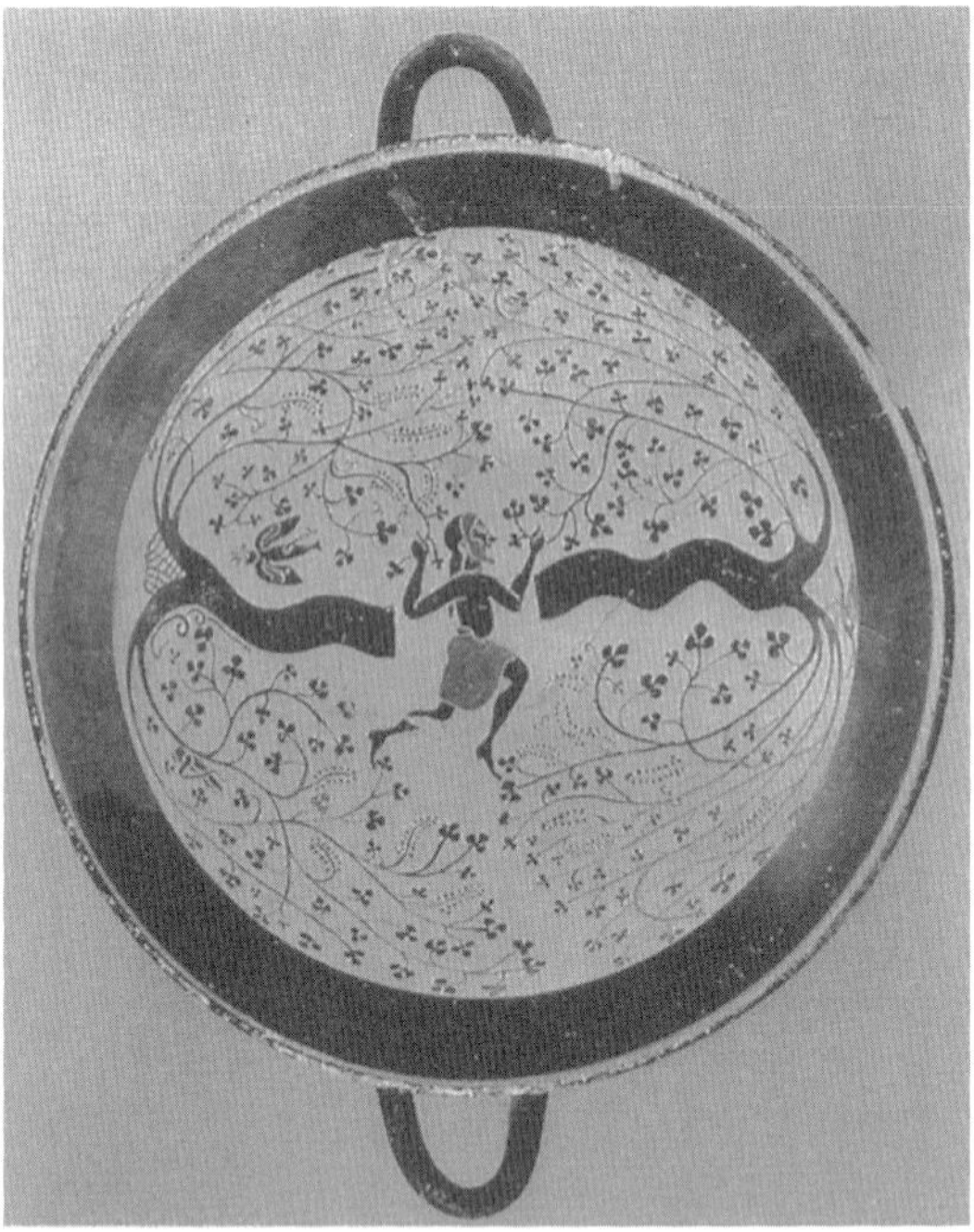

図1　黒絵式キュリックス（紀元前6世紀　エトルリア出土　ルーブル美術館蔵　吉川逸冶編『ルーブルとパリの美術館』による）

図像を描いた陶器で、黒像式ともいわれている。またキュリックスというのは、二つの大きな把手《とって》のついた平らな皿の下に、脚台をつけた杯のことである。黒絵式キュリックスの内側の文様は、左右に大きな葡萄の木が向き合うように二本立っていて、葡萄の枝が柳の枝のように垂れ下がり、たくさんの実をつけている。木と木の間には豊穣と酒の神であるディオニュソスが葡萄の木の枝をつかんで立っている。垂れ下がった葡萄の枝の中には、蝗《いなご》、蛇、巣に入った三羽の雛鳥、餌を運ぶ親鳥が騙《だま》し絵のように描かれている。キュリックスの外面には、ディオニュソスを象徴するもう一つの植物である木蔦《きづた》が胴部を一周している。このキュリックスにはディオニュソスと葡萄の収穫、虫や鳥の自然界の営みが描かれ、酒の神ディオニュソスより、むしろ豊穣の神ディオニュソスとして描かれたのかもしれない。ディオニュソスは酒の神とされる以前は豊穣の神であった。だからギリシアでは、ディオニュソスの祭りを大地や樹木がめざめ、復活する、春に行っていたのである。

もう一つギリシア陶器を紹介しよう。ミュンヘン古代美術館所蔵の「黒絵式キュリックス」、紀元前六世紀の陶器である（図2）。この器の文様は、船の中央に絡み合った葡萄の木が実をたわわにつけて、左右に枝を広げて立っている。葡萄の木の下にはディオニュソスが木蔦の冠をかぶり船に横たわり、船の周りにはイルカが泳いでいる。一見とてものど

図2　黒絵式キュリックス（紀元前6世紀　ミュンヘン古代美術館蔵　『ミュンヘン古代美術館』による）

かな航海を描いたように見えるが、この場面はギリシア神話の一場面を描いたもので、次のような内容である。ある日、地中海の海賊たちが海辺に立っている美しい青年であるディオニュソスをさらってきて、海賊船の帆柱に綱でくくりつけてしまった。しかし、帆柱はあっという間に葡萄の木に変わってしまい、青年をくくりつけていた綱はすぐにほどけていた。おどろいた海賊たちは海に飛び込んだが、ディオニュソスによってすべてイルカに変えられてしまったという物語であるが、この陶器画はディオニュソスの航海を描いたものである。

ギリシア陶器に表された葡萄と人物、小動物、鳥の文様を紹介したが、どれも葡萄とディオニュソスとともに表されたものであった。ギリシアでは葡萄栽培が盛んになるにつれて、酒と豊饒の神ディオニュソスと結びついて図像化されるようになっていった。土地が痩せていて岩地ばかりのギリシアでは、痩せた土地でも育つ葡萄と豊穣の神が結びついて図像化されることは、当然のことかもしれない。

一方、古代マケドニアでも葡萄唐草文とディオニュソス神の図像が描かれている。現代ギリシアのデルヴェニの墳墓から出土したクラテールは（図3）、紀元前四世紀ごろ作られたもので、ギリシア北部のテッサロニキ考古学博物館に収蔵されている。クラテールは青銅で鋳造され、その上に鍍金《めっき》が施された美しい器である。このクラテールの胴の部分には直線的な葡萄文様が一周し、その下にディオニュソスと彼の妻のアリアドネ、サチュロス、マイナス（ディオニュソスにつき従う女たち）など、酒の神ディオニュソスとその仲間たちが表されているが、これはこの器の用途に似合った文様であろう。マケドニア王国のアレクサンダー大王は、ディオニュソスと同じようにインドまで遠征をしている。マケドニア王国の首都があったペラでは、美しいディオニュソスのモザイクが出土しているが、当然この時代にはディオニュソスの祭りが行われていた。

古代マケドニアの青銅器に描かれた葡萄唐草文

クラテールという器は、古代のギリシアやマケドニアにおいて、ワインと水を攪拌するための混酒《こんしゅ》用の容器として用いられていた。私たちは現在ワインと水を混ぜ合わせて飲むようなことはあまりしていない。しかし古代のギリシアやマケドニアでは、ワインをそのまま飲むことをせずに、水で薄めて飲んでいた。当時のワインはかなり甘いワインだった

図 3　銅鍍金クラテール（紀元前 4 世紀　ディルベニ出土
テッサロニキ考古学博物館蔵　M. Andoronicos, Musée
de Thessalonique による

ので、ワインと水を混ぜる容器が必要であったのであろう。

葡萄文様と葡萄唐草文

また葡萄の文様を見ると、紀元前六世紀から五世紀ごろの葡萄はまだ唐草状にならず、柳の枝のように枝がまっすぐ伸びているものが多い。葡萄が唐草状になるのは紀元前四世紀以降のことである。たとえば、紀元前四世紀に作られた「アレクサンダーの石棺《せっかん》」といわれている大理石製石棺がイスタンブール考古博物館に展示されている。この石棺はレバノンのシドンより出土したもので、実際はアレクサンダー大王の石棺ではないが、側面に彫刻されている騎馬人物像の中にアレクサンダー大王が存在するので、この名前がついたものである。石棺に刻まれている葡萄唐草文は、人物像の上部についていて、鋸歯文《きょしもん》のようにぎざぎざの堅い唐草文様である。きれいなS字状にスクロールした葡萄唐草文様と小動物、鳥、ディオニュソス、葡萄収穫などが頻繁に描かれるのは、むしろローマ時代になってからである。

スキタイ女性の冠と唐草文様

葡萄唐草文は紀元前六世紀から紀元前四世紀には、まだ完成された美しいスクロールになっていないが、アカンサス唐草文は美しいスクロールを描いていた。葡萄唐草文と人物、小動物が描かれた同じ時期には、アカンサスによる唐草文にも、人物や小動物を挿入する文様があったのではないかと

図4　スキタイ女性の金冠（紀元前4世紀　トルスターヤ・マギーラ出土）

考えられるのである。アカンサス唐草の中に小動物を入れた文様は、黒海沿岸にあるスキタイの墳墓の中より出土した遺物にみられる。

黒海北岸のドニエプル河下流域にあるトルスターヤ・マギーラ（墳墓）は紀元前四世紀のスキタイの王の墳墓であって、その同じ墓域にある王妃の墓室の中から帽子状の冠をかぶった遺体が発掘された（V.M. Mozolebs'kii, *Tobcta Mogila*, kieb）。冠は革あるいは布の帽子に金の薄い板を縫いつけたもので、一枚の板ではなく、何枚かに分けて取り付けられていた。金の板は打ち出しの技法によって文様を表したものであった。その中でも額のすぐ上にあたる部分には、他の金の板よりも幅が広く、頭の周囲を一周りする長さの板が用いられていた。文様は半パルメットを唐草状に配し、その間に蝗《いなご》、蜂、蠍《さそり》が挿入されているものであった（図4）。紀元前四世紀ごろには、葡萄唐草文と同じようにアカンサス唐草文の中にも小動物が描かれていたのである。黒海沿岸のスキタイ族の墳墓より出土する金製品は、スキタイの人々が作ったものではなく、黒海沿岸のギリシア人の植民地で作られたものであり、スキタイの墳墓より出土した弓を入れる道具と同じ文様の弓を入れる道具が同時期のギリシアの墳墓でも出土している。おそらく、この冠は弓を入れる道具などと一緒にギリシア人によって作られたものであって、ギリシアの文様と考えてよいであろう。ギリシアでは葡萄唐草文、アカンサス唐草文の両方に小動物を入れた文様があったのである。

ローマおよびローマの周辺地域の葡萄唐草文

モザイクに描かれた葡萄唐草文

ローマおよびローマの属州となった地中海沿岸の西アジアや北アフリカでは、ローマの植民都市が建設されていった。それらの建物のピラスター（片蓋柱《かたふたはしら》）は彫刻が施され、床は色の違う小さな石を用いて絵を描く、いわゆるモザイクを張った床が用いられた。モザイクの技術はメソポタミアに起こったが、ヘレニズム時代になると、多色の四角形の石を用いて精密な絵画を描くようになっていった。さらにモザイクはローマ時代になると、住宅や別荘の床・壁面を装飾するようになった。マケドニアの首都ペラから出土した「獅子狩りの家」（紀元前四世紀）のモザイクや、ポンペイの「牧羊神の家」から出土したアレクサンダー大王とダリウス三世の

「イッソスの戦い」を描いたともいわれる「アレクサンダー・モザイク」(紀元前二世紀、ナポリ国立考古美術館蔵)は、それぞれの時代の代表作ともいうべきものである。

現在、トルコ領アンタキヤは紀元前四世紀末にセレウコス朝のセレウコス一世によって造られ、彼の父の名前に因《ちな》んでアンティオキアとよばれた。アンティオキアはローマ帝政期に地中海とメソポタミアを結ぶ商業および軍事都市であって、ローマ帝政期からビザンティン時代のモザイクが多数発掘されている。アンティオキアで出土した「パリスの審判」を描いたモザイク(ルーブル美術館蔵)は、二世紀半に作られた舗床を装飾するモザイクで、多色の石やガラスを用いた美しいものである(図5)。このモザイクの文様は二つの場面から構成されている。一つの場面は、中央にゼウスの妃ヘラが椅子に座り、戦いの神アテナ、美の神アフロディーテの二人の女神が左右に立ち、この女神たちの中で誰が一番美しいかを、パリスによって判定されるギリシア神話の一つを描いたものである。もう一つの場面はその縁どりの部分である。縁どりにはS字状にスクロールした二つの葡萄唐草文が交差してメダイヨンを構成し、上下に人面、左右に孔雀《くじゃく》や他の鳥、鶉《うずら》などの小さな鳥、蝗《いなご》、蝶、蜥蜴《とかげ》など小動物を挿入している。縁どりの文様ではあるけれど、葡萄の中に鳥、蝗、蝶、蜥蜴などの小動物の営みがみえ、まるで海獣葡萄鏡の文様の原形を見てい

図5　「パリスの審判」のモザイク（2世紀半　アンティオキア出土　ルーブル美術館蔵　M. Henig (ed), A Handbook of Roman Art による）

るような図柄ではないだろうか。

一方、「ディオニュソスの凱旋《がいせん》」（スース博物館蔵）を描いたモザイクは、同じアフリカの北西部に位置するチュニジアのスースで出土したもので、三世紀に作られたものである（図6）。このモザイクも二つの場面からなっている。一つの場面は、ライオンに乗った幼児のディオニュソスが豹を従え、サチュロスや四頭だてのトラに引かせた戦車に乗るマイナスを従えて、凱旋《がいせん》しているところを描いたものである。ディオニュソスの凱旋図は、アレクサンダー大王のインド遠征に因《ちな》んで図像化されたものといわれている。ディオニュソスは紀元前五世紀ごろになると、ディオニュソスの信仰を布教するために東方遠征をしてインドまで行ったといわれるようになった。もう一つの場面は、凱旋図の縁どりに描かれたものである。クラテールから二本のS字状にスクロールした葡萄唐草文が描かれ、その中にいろいろな種類の鳥・葡萄をあふれるように入れたバスケット、童子形人物が葡萄を収穫している様子が描かれている。地中海沿岸の北アフリカは一世紀から二世紀になると、ガリアやイスパニアなどとともに、葡萄の産地になり、ローマにワインを輸出していたから、葡萄収穫図とディオニュソスの図像が描かれるのも不思議ではない。

図6　「ディオニュソスの凱旋」モザイク（3世紀　スース出土　スース博物館蔵　M. Henig (ed), A Handbook of Roman Art による）

建物の装飾に描かれた葡萄唐草文

地中海に面した北アフリカや西アジアのローマの属州では、ローマの植民都市が作られ、大きな神殿や競技場などが建てられ、柱・天井・壁面などを彫刻で飾り立てた。地中海に面したアフリカの北西部、現在のリビア共和国トリポリの東に位置するレプティス・マグナは、天然の良港に恵まれた都市で、一世紀末にローマの植民都市となった。二世紀末にこの都市出身の軍人セプティミウス＝セウェルスがローマ皇帝になると、凱旋門、フォルム（古代ローマの都市広場）、バシリカ等大きな建築やモニュメントが建てられた。バシリカのピラスター（片蓋柱）には葡萄唐草文が彫刻された。柱の文様は根本に大きなクラテールがあり、その中から二本の葡萄の木が生え、それぞれが分かれてメダイヨンを繰り返し形成している。それぞれのメダイヨンの中には豹に乗ったディオニュソス、サチュロスなどを配置している（図7）。

レプティス・マグナの建築物は当時小アジアの職人を北アフリカに連れていって作ったもので、小アジアと同様な彫刻が出土している。おそらく、このような文様はこれらの職人たちの移動とも関連しているのであろう。

レバノンのベカー高原にあるバール・ベック遺跡はフェニキアの時代から続いている都

図７　葡萄唐草文装飾ピラスター部分（3世紀
レプティス・マグナ出土　Museum of Fine Arts, Boston, Bulletin, vol.LXIII, no,333 による）

市である。紀元前四世紀に太陽神ヘリオスを祀るようになって、ヘリオポリスとよばれるようになった。アウグストゥス時代にはローマの植民都市になり、一世紀中ごろにユピテル神殿が建てられ、二世紀中ごろに通称バッコス神殿が建てられた。葡萄唐草文はユピテル神殿、バッコス神殿内陣入口の装飾の一部に見られる。ユピテル神殿の入口の装飾は二本の葡萄の枝が交互に交差し、その間をメダイヨン状にし、葡萄の葉と実だけを配置するものである。バッコス神殿の入口の装飾はユピテル神殿と同様、メダイヨン状にして、その中に葡萄の葉、実とマイナスのような女性を配している。

以上のように葡萄唐草文に人物・小動物を配した文様は、ディオニュソスの信仰とともに地中海沿岸の北アフリカから西アジアの属州まで広範囲に広がっている。このような広範囲な広がりは、これらの地域がローマに食料を供給していたからであろう。

霊廟や石棺に装飾された葡萄唐草文

シリア砂漠の中にあるパルミラ遺跡は、地中海と西アジアを結ぶ隊商都市として、ローマとパルティアの中継ぎ貿易を行っていた。パルミラの町の東南部分にはベール神殿があり、その前方に記念門があり、そこから列柱道路が都市の中を南北に縦断している。その道路に沿って広場、円形劇場などの建築が建てられていた。郊外のネクロポリスの地下墳墓や塔墓からは埋葬者や

図８　「６人の饗宴」浮き彫り（３世紀　パルミラ出土）

その家族を描写した饗宴図《きょうえんず》浮彫りが数多く出土している。

その中の一つアライネ墓より出土した「六人の饗宴」を表す浮彫り（三世紀）は、現在パルミラ博物館に収蔵されている（図８）。この浮彫りはパルミラから出土する多くの饗宴図と同じように、中央にこの墓の主人であるアライネが杯を片手に横たわり、その傍らにパルティア・サルマート風の装身具をつけた夫人がすわり、彼らの後に四人の子供たちが立っているものである。葡萄唐草文の装飾は、この主人のチュニック（長袖の上着）の前面、ズボン、ショールの文様に用いられている。葡萄唐草文は縦に二本の葡萄の木が交差し、メダイヨンを構成し、その中に葡萄収穫の童子と鳥を配したものである。このほかにヤルハイの墓から出土した男性像の上着の

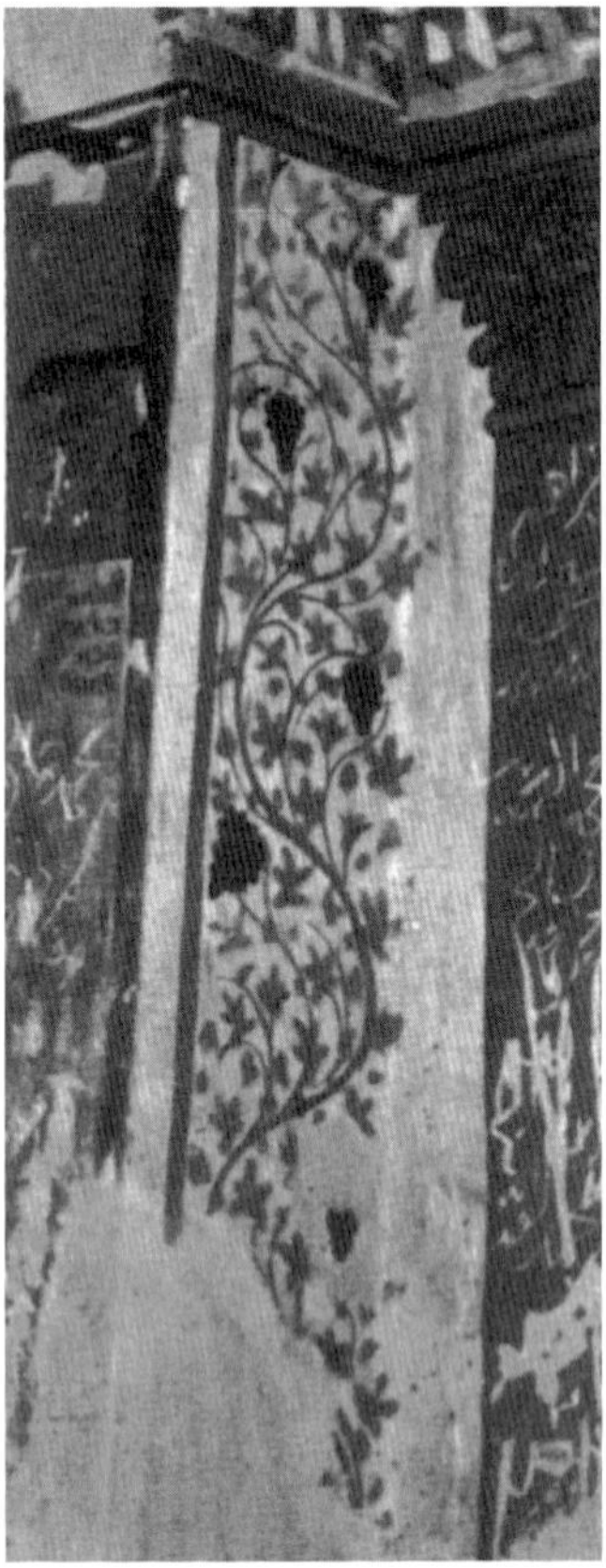
図9　「三人兄弟墓」の葡萄唐草文（三世紀　パルミラ出土『世界美術全集』による）

文様にも、同様の文様が施されている。このような饗宴図浮彫りは死者と家族の饗宴を表した図像であって、天国にいっても子孫とともに饗宴する願望かあるいは生前の楽しい一時を表したものであろう。

また、「三人兄弟墓」の地下室墓内の壁画には、S字状にスクロールした美しい葡萄唐草文が描かれている（図9）。三世紀後半パルミラはゼノビア女王がローマに反旗を翻《ひるがえ》したが、二七三年に敗北して滅んだ。その後、ディオクレティアヌス皇帝によって軍営が置かれるが、その建物のピラスターにも葡萄唐草文が装飾されている。柱の文様は二本の葡萄の木がところどころで交差してメダイヨンを形成し、メダイヨンの中に葡萄の房、鳥を配したものである。

パルミラではオアシスの水を利用して葡萄栽培が行われ、葡萄酒を醸造していた。ベール神殿の祭司が発行した粘土札やベール神殿の出入り口からは、葡萄の木とディオニュソス神が描かれた彫刻が発掘されている。

次に大理石の石棺に彫刻された葡萄唐草文を挙げておこう。一世紀から三世紀ごろはギリシアや小アジアで作られた大理石製の石棺がローマに運ばれていた。ギリシアのアテナイを中心に制作された石棺は、制作地の名前をとって「アッティカ式の石棺」とよばれている。ローマにあるサン・ロレンツォ・フォリ・ムーラ聖堂にあるアッティカ式の石棺は、葡萄唐草文と小動物・鳥・人物などが彫刻された石棺で（図10）、三世紀初頭にアテナイで作られた石棺である。石棺には葡萄の枝と実が透き間なく彫られ、その中に葡萄収穫の童子とともに蜥蜴《とかげ》、蛇、蝗《いなご》、蝸牛《かたつむり》、孔雀《くじゃく》、そのほかの小鳥、ライオンが彫刻されている。アッティカ式の石棺はディオニュソスに関する彫刻が施されることが多く、それがこのタイプの石棺の特徴となっている。ディオニュソスは植物の生成と再生の神であって、石棺

図10　アッティカ式の石棺に彫られた葡萄唐草文（3世紀　サン・ロレンツォ・フォリ・ムーラ聖堂　『古代末期の美術』による）

に葬られた死者の楽園への復活を願ってのことといえよう。

銀杯を飾った葡萄唐草文

ギリシアにおいてはワインを貯蔵するアンフォーラ、ワインと水を攪拌するクラテールや高脚のついた杯キュリックスなど、ワインに関する容器に葡萄唐草文様が描かれた。ローマ時代になってもワインを入れる壺や杯には葡萄唐草文が用いられた。ヴェスビオス火山の噴火で一世紀に地中に埋もれてしまった町ポンペイから出土したカメオガラスのアンフォーラ（ナポリ国立考古美術館蔵）には（図11）、葡萄唐草文ではないが、葡萄と葡萄の収穫を表した模様が施されている。カメオガラスは紺や紫色などの色のついたガラスに、乳白色の別のガラスを重ね、カメオを彫るように文様を彫り出したガラスであり、高度の技術が要求されるガラス細工である。このような技術はヘレニズム期からローマ帝政期にかけて作られたが、現在でもイギリスの有名なウエッチウッドの陶磁器にこの技法が復元されている。ブルーの地に白色を重ねて彫り出した陶磁器を、デパートなどのショーウインドーで見かけたことがあるであろう。アンフォーラの文様は肩部分より下に施されている。その構成は左右に葡萄の樹が生えていて、樹と樹の間に花綱が渡してあり、その下でクリーネ（牀《しょう》）に腰掛けた童子が竪琴《たてごと》を奏で、左右にある葡萄の樹の傍らには葡萄の実を収穫している人物がいる。ワインを入

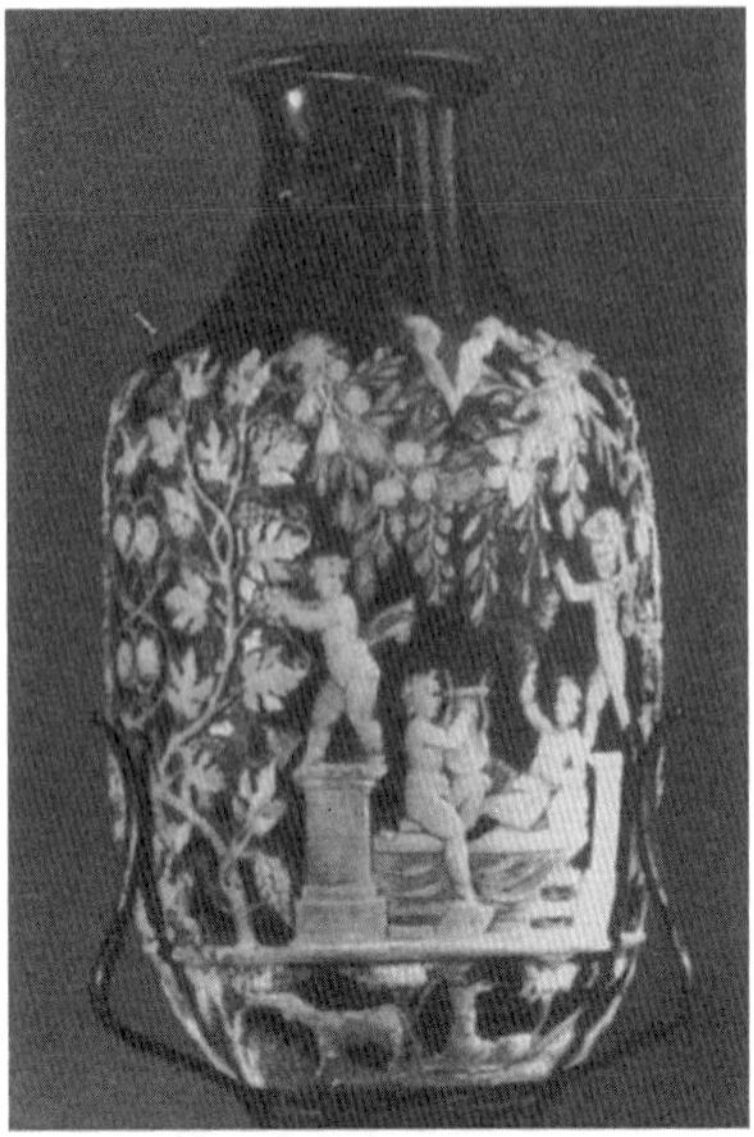

図11　カメオガラスのアンフォーラ（一世紀　ポンペイ出土　ナポリ国立博物館蔵　G. Hagenow, Aus dem Weingarten der Antike による）

図12　銀鍍金葡萄唐草文杯（二世紀　アレクサンドリア、グレコ・ローマン美術館蔵）

れておくためのアンフォーラなので、このような文様が施されたのかもしれない。

また、エジプトのアレクサンドリアで出土した「銀鍍金《ぎんときん》葡萄唐草文杯《ぶどうからくさもんはい》」（アレクサンドリア・グレコ・ローマ美術館）は二世紀に作られた銀の杯である（図12）。杯は鋳造《ちゅうぞう》によって作られ、鍍金されたもので、アフガニスタンのベグラムで出土したエナメルガラスの杯なども同じゴブレット杯である。器全体に連続したS字状の葡萄唐草文を横に施し、たくさんの実をつけた葡萄の中にディオニュソスがクリーネに横たわり、リュトンを右手に高々と上げ、サチュロスがダブルフルートを吹いている。その周りでは、童子が葡萄を収穫し、籠に入れて背負い、次の場面では桶の上で葡萄を踏みつけ、ジュースをしぼり、ワインを醸造している場面が描かれている。このようにして醸造したワインが、この杯に注がれる時には、芳醇な香りのする美味なワインとなっているのであろう。杯全体の文様をみると、あたかもディオニュソス神とワインの賛歌ともいうべき文様である。

キリスト教の霊廟に描かれた葡萄唐草文

葡萄唐草文様は初期キリスト教の教会堂、霊廟《れいびょう》、石棺、聖杯など、キリスト教世界の建物や文物にも広く浸透していく。

ヴァチカンのサン・ピエトロ大聖堂の地下にあるユリウス家の霊廟は、三世紀後半に作られ、天井が美しいモザイクで装飾されている（図13）。モザイクには大きくスクロールした葡萄唐草文様が描かれ、その中央に四頭だての戦車に乗った太陽神キリストが立っているものである。太陽神のキリストはローマの在来の宗教を信じる人々には、ヘリオス（アポロ）とみえたであろう。当時のローマではキリスト教が異教であったため、在来の宗教を信じる人々の目をごまかす必要があったのである。日

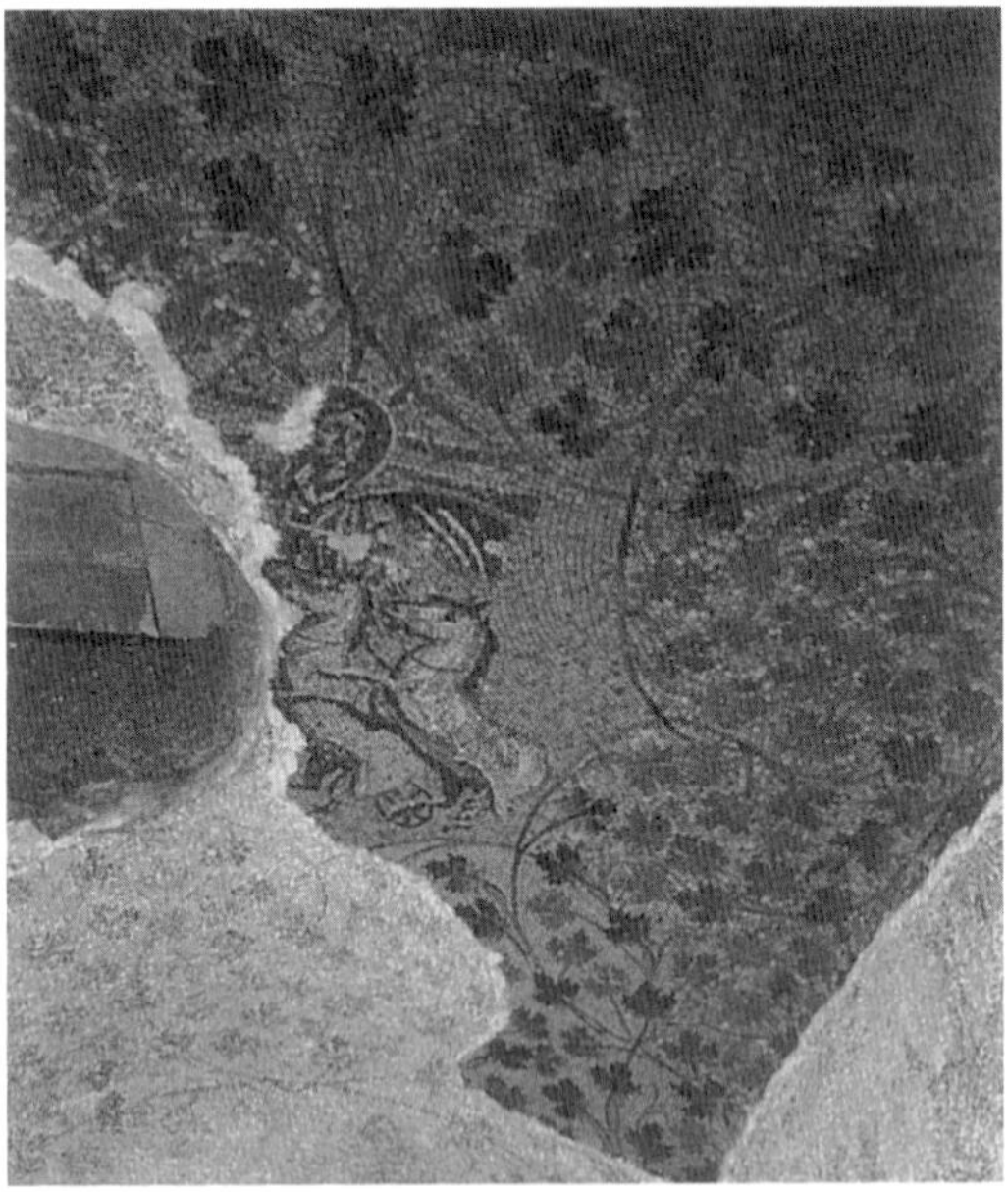

図13　ユリウス家の霊廟の葡萄唐草文（3世紀
バチカン美術館『古代末期の美術』による）

本でも江戸時代にはキリスト教を信仰することが禁止されていたとき、観音菩薩をマリアにみたてたり、石灯籠の文様に隠れて十字を刻んだりしていたが、それと同じことを初期のキリスト教徒も行っていたのである。キリスト教徒たちはコンスタンティヌス大帝によってキリスト教がローマの国教になるまで、迫害者の目から逃れるために、異教徒と同じ図像を用いたのであろう。

石棺に彫られた葡萄唐草文

現在ヴァチカン美術館にある「コンスタンツァの石棺」（四世紀）は、キリスト教をローマの国教としたコンスタンチヌス大帝の娘コンスタンツァのために作られた石棺である。石棺の正面にはメダイヨン状にスクロールした葡萄唐草を配置し、その中に童子が葡萄を収穫し、葡萄唐草の下には孔雀、羊が表されている。側面には左右に葡萄の木があり、中央で三人の童子がワインを搾っている。『旧約聖書』創世記のノアの方舟には、大洪水がおさまって、植物を植えても大丈夫になったとき、はじめに植えた植物が葡萄であり、この葡萄が実ったときノアはワインを作り、このワインを飲んで酔っぱらったことが記されている。キリスト教徒にとって葡萄は生命の樹であり、キリストを意味する木である。

ローマのラテラノ美術館に収蔵されている「善き牧者の石棺」は四世紀に作られた石棺

である。石棺の文様は中央、左右に羊を背負った牧者を配し、その間に葡萄の木・実を収穫する童子たちが彫られている。この石棺には前述したアッテカ式の石棺のように、葡萄収穫図中の蜥蜴、蛇、蝸牛などの小動物は見られないが、その代わりに羊が刻まれている。羊を背負った牧者はキリストを意味し、羊はキリスト教徒を表している。そのまわりの葡萄の木は生命の樹を表しているのである。

サンタ・コンスタンツァ廟の葡萄唐草文

ローマにあるサンタ・コンスタンツァ廟は、コンスタンツァのための廟であり、かつてはコンスタンツァの石棺が安置されていたもので、四世紀に建てられたものである。廟の環状周廊部の穹窿《きゅうりゅう》はモザイクで飾られていて、穹窿の部分ごとに「果物と小枝と小鳥」、「童子と動物のメダイヨン」、「モーゼに律法を授けるキリスト」などが描かれているが、その一つに皇女コンスタンティアの胸像を中心にスクロールした葡萄唐草が配され、童子が葡萄を収穫し、さまざまな鳥が葡萄をついばんでいる場面がある（図14）。その周りには葡萄を収穫して葡萄酒を仕込んでいる様子が描かれている。四世紀に建てられたサンタ・コンスタンツァ廟の環状周廊部穹窿のモザイクには、果実・小鳥・葡萄酒の醸造などが葡萄唐草文の中に描かれていて、前の時代の図像と大きな変化はない。しかし葡萄や小鳥に囲まれたコンスタ

図14　コンスタンツァ廟の葡萄唐草文
（4世紀　サンタ・コンスタンツァ廟
G. Hagenow, Aus dem Weingarten
der Antike. による）

ンツァの胸像は故人が天国にいることを表しているもので、キリスト教徒にとって別の意味があったのである。

アンティオキアの聖杯

かつてセレウコス朝の首都であったアンティオキア（現、トルコ領アンタキア）で発見された「アンティオキアの聖杯」は、四～五世紀ごろに制作された高脚のついた美しい銀杯である（図15）。現在ではニューヨークのメトロポリタン美術館に収蔵されている。この杯は鋳造された杯本体の上に、別に作られた透かし彫りの葡萄唐草文が張り付けてあり、二重構造の造りとなっている。葡萄唐草文はS字状にスクロールしたものがメダイヨンをなし、幹の周りに写実的な葡萄の葉や実をつけている。メダイヨンの中にはキリストや使徒達が入り、その間を鳥、蝸牛、兎《うさぎ》、蝗で充塡しているものである。同じ杯でもアレクサンドリア出土の「銀鍍金葡萄唐草文杯《ぎんときんぶどうからくさもんはい》」（図12）に描かれた文様は、ディオニュソスやサチュロスがいて、童子がワインを醸造する光景よりなるのでディオニュソス賛歌のようであるが、時代が下り、キリスト教徒の聖杯になるとキリストや使徒たちが葡萄の中に入るようになっていくのである。

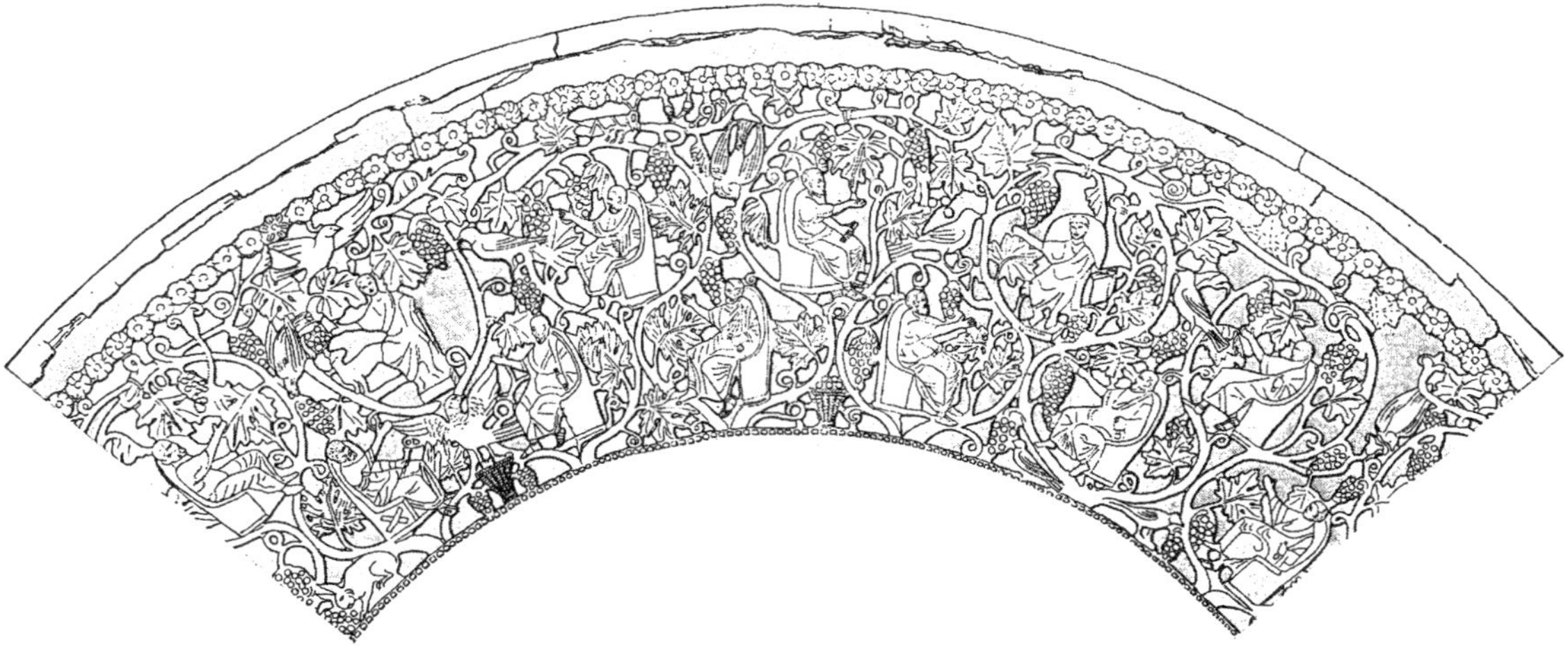

図15　アンティオキアの聖杯（4～5世紀　メトロポリタン美術館蔵
G.A.Eisen, The Great Chalice of Antioch による）

教会に描かれた葡萄唐草文

次に北イタリアのラヴェンナにある教会建築の葡萄唐草文をあげてみよう。イタリア北部のラベェンナは五世紀にローマ皇帝ホノーリウスが都としたが、一時ゴート人によって支配され、六世紀半にビザンティン帝国の支配下に置かれた。六世紀後半にはサン・タポリナーレ・イン・クラッセ教会やサン・ヴィターレ教会などが建築された。

サン・タポリナーレ・イン・クラッセ教会にある大司教テオドロスの石棺は（図16）、五～六世紀に作られた石棺を七世紀になってから大司教テオドロスの石棺に再利用したものである。石棺の文様は中央に十字架があり、左右対称に葡萄唐草に孔雀と小鳥を配したものである。同様の文様はラベェンナ大司教区付属美術館にある、マクシミアヌスの司教座の彫刻にもみられる。葡萄は生命の樹であるとともにキリストをも意味し、孔雀は美しい羽が年ごとに抜け替わり、それが不滅の象徴となっていて、小さな鳥は平和を表している。

ラベェンナのサン・ヴィターレ教会は六世紀後半に建てられたもので、八角形の建物の周囲に周廊を巡らせた建物である。内陣の側壁や穹窿部分はモザイクで装飾されている。内陣のモザイクの一部分には、アーチの中央に十字架を配し、左右のクラテールから生え

図16　大司教テオドロスの石棺（5～6世紀　サン・タポリナーレ・イン・クラッセ教会）

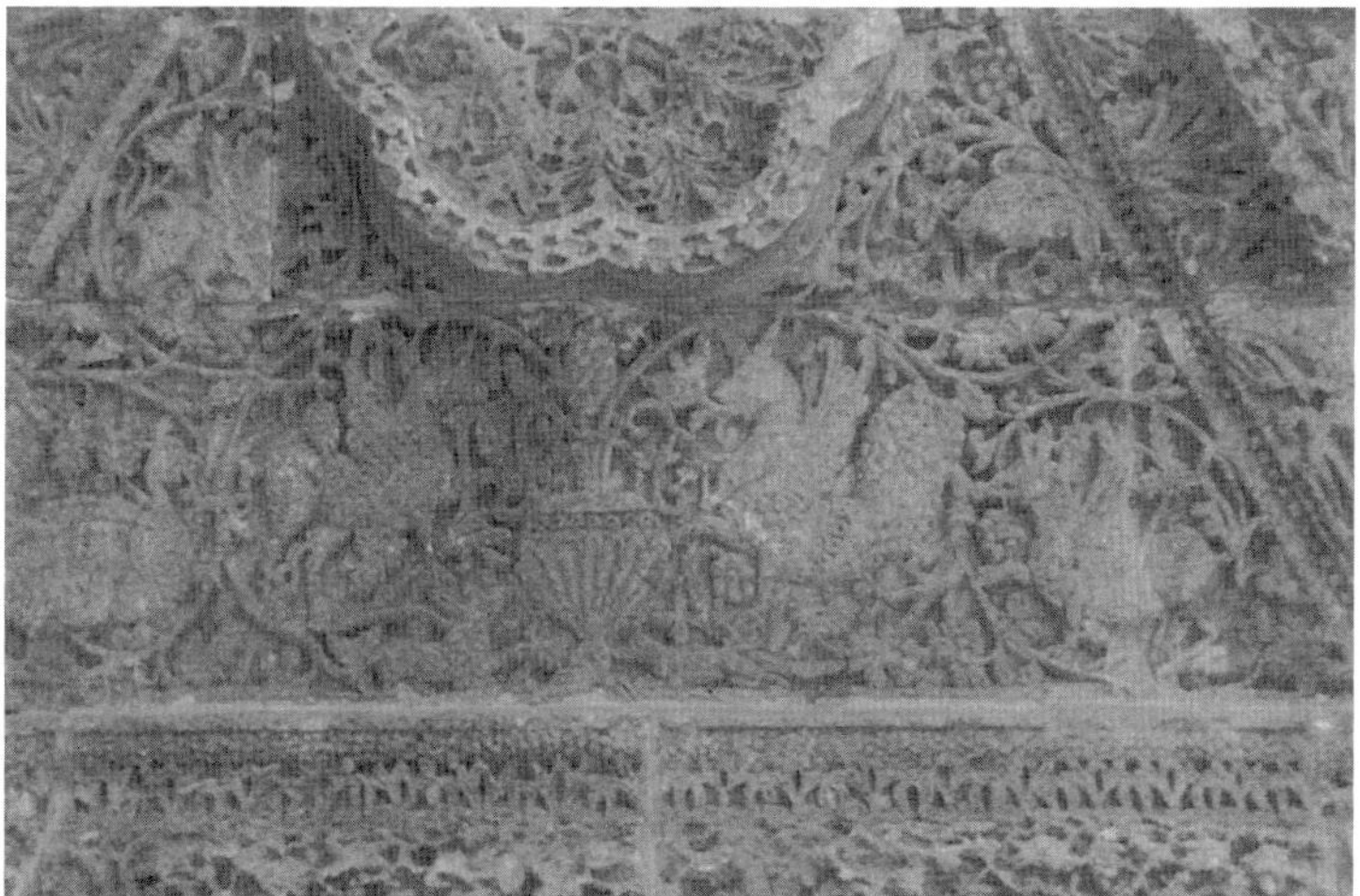

図17　ムシャッタの外壁部分（8世紀）

た二本の葡萄唐草がアーチに沿って描かれている。クラテールの左右には小鳥が対置され、葡萄唐草の中にも小鳥が配置されている。側面にはユスティニアヌス大帝と皇妃テオドラのモザイクが描かれている。

初期キリスト教の教会堂・霊廟・石棺・聖杯などに描かれた葡萄唐草文は、異教徒からの迫害を免れるために、キリスト教以外の異教徒の図像から取り入れたものであったので、最初は異教徒と同じ図像を用いていた。しかし、ラテラノ美術館蔵の「善き牧者の石棺」やアンティオキアの聖杯など、時代が下るに従いキリストや羊飼い、羊などキリスト教の典型的な象徴を表現した図像が葡萄の中に入るようになり、テオドロスの石棺やサン・ヴィターレ教会のモザイクのようなキリスト教的図像に変化していくのである。

初期イスラム時代の葡萄唐草文

ヨルダン東部にあるムシャッタの宮殿址は、ウマイア朝時代（八世紀）の宮殿遺跡である。この外壁の一部はオスマン・トルコ皇帝よりドイツに送られ、現在ベルリンのボーデ博物館に収蔵されている（図17）。かつて浜田耕作氏はベルリンを訪れた際、この博物館に展示されているこの彫刻をみて、『国華』に「禽獣葡萄鏡に就いて」を発表している。当時はストルチゴルフスキーなどヨーロッパの学者も、この彫刻をササン朝ペルシアの時代の作と考えていたので、浜田耕作氏も同じように考えたのであるが、現在ではウマイア朝の建築であるとされている。ムシャッタの外壁は三角形に区切られた中に、壺の中から葡萄唐草が左右に分かれ、それぞれにメダイヨンを構成している。メダイヨンの中にはペガサス、グリフォン、孔雀、鳥、メダイヨンとメダイヨンの間には兎《うさぎ》、蜥蜴《とかげ》が配されている。ムシャッタの宮殿はイスラム初期の建物であるが、葡萄唐草文の中に蜥蜴《とかげ》、孔雀、小鳥、ペガサス、葡萄収穫の人物などヘレニズム起源の図像も入っているようにビザンチン文化の影響がみられる。しかし、他の場面ではメソポタミア美術に古くから用いられていたグリフォンや山羊《やぎ》が入っていて、ムシャッタの宮殿の地域性を示唆している。葡萄唐草文は生命の樹として中心に配置され、鳥や動物がいる世界はイスラム的な楽園を表現したものではないだろうか。

以上、葡萄唐草文と小動物、人物が入っている文様を、まず地中海を取り巻く地域から挙げてみた。この文様を地域的にみるとギリシアからローマ、地中海を取り巻く西アジア、北アフリカ地域に多く分布している文様であることが判明しよう。

西アジアの葡萄唐草文

アッシリアの葡萄

次に西アジアからインド、中央アジアにおける葡萄唐草文を探査してみよう。ここで取り上げる西アジア地域とは、前節で取り上げた地中海地域の西アジアを除く西アジア地域、具体的にいえばユーフラテス河以東のイラク、イランなどである。

ギリシア・ローマなどの地中海沿岸地域も古くから葡萄栽培がさかんな地域であったが、西アジアではすでに新石器時代の遺跡より葡萄の種が出土していて、麦の栽培や牧畜などとともに葡萄が栽培されていた。

しかし葡萄が彫刻や絵画に表されるようになるのは、新アッシリア時代（紀元前九〜七世紀）になってからであろう。大英博物館のアッシリア部門の展示室には、レイヤードによって発掘された新アッシリアの彫刻が数多く展示されている。アッシリアの首都であったイラク北部のニネヴェから出土した、アシュールバニパル王の狩猟図浮彫りに描写された葡萄の木は、ライオン狩りをする猟園《りょうえん》に植えてある葡萄の木である（図18）。葡萄の木は太い幹から手を広げたように五本の枝が延びていて、それぞれの枝には大きな実や葉がついた堂々とした葡萄の木である。アッシュールバニパル王はこの葡萄の木が植えてある広大な猟園でライオン狩りをしているのである。古代西アジアの王宮には、珍しい鳥や動物を集めた動物園のような猟園があり、王はそこで軍事訓練や娯楽、儀式のための狩猟をした。また珍しい植物を集めた植物園のような庭園を持っていて、季節ごとに実のなる植物が植えられていた。このような王宮の苑囿《えんゆう》は宮殿の中に楽園を建設したようなものである。たくさんの実がなる葡萄は豊穣のシンボルでもあった。

ニネヴェから出土したもう一つの饗宴図浮彫りは、棕櫚《しゅろ》やレバノン杉の生えている庭園の葡萄の木の下で、アッシュールバニパル王が王妃とともに勝利の酒杯をあげている光景を描写したものである（図19）。王妃の傍らの木にはアシュールバニパル王に敗れたエラム王国の王の首がつり下げられ、その下にハープを奏でる楽士、料理を持っている召使い

図18　猟苑図（紀元前7世紀　ニネヴェ出土　大英博物館蔵　『アッシリア大文明』展図録による）

図19　アシュールバニパル王と王妃の饗宴（紀元前7世紀　ニネヴェ出土　大英博物館蔵）

などが控えている様子を表している。彼らはまさに庭園の中で、至福の時を過ごしているのである。王と王妃の左右からレバノン杉に絡みついた葡萄の木が生え、左右から葡萄の枝が真っ直ぐ伸びていて、枝には実と葉が交互についている。葡萄は別の木に枝をからみつけて栽培されることが多かったが、この彫刻に表現された葡萄はまさにその事実を再現していると見なしてもよかろう。

アッシリアの葡萄の木の表現をみるとまだ枝が直線的であって、葡萄の実や葉が先端部分についていなければ、葡萄の木とは断定しにくいものである。おそらく西アジアにおいて葡萄の木が唐草文風に表現されるのは、ギリシア、ローマ文化の葡萄唐草文の表現が入ってからであろう。このような例は同じくイラク北部のハトラ遺跡（一〜三世紀）から出土した葡萄唐草文のレリーフによって確かめられる。

パルティアの彫刻にみられる葡萄唐草文

イラク北部にあるハトラ遺跡は、パルティア時代の宗教・軍事・隊商都市として繁栄した都市遺跡である。ハトラの都市遺構はほぼ円形の二重構造の城壁に囲まれていて、中央の部分に聖域（神殿、宮殿）などがあった。この聖域部分から石製の葡萄唐草文の浮彫りが出土している（図20）。この浮彫りは部屋の周囲に連続的に配置されたもので、太い葡萄唐草文のうねりの間から、縦笛、パンパイプ、タンバリン等を持った男女が音楽を奏でている様子が表されている。葡萄唐草文の浮彫りはパルティア時代後期（二〜三世紀）のものであり、葡萄の葉や実が写実的に表現され、パルミラのベール神殿の高梁と同様に、ローマ文化の影響がみられる。葡萄唐草文の間にいる楽人たちは、それぞれの頭に葡萄の葉のついた冠をかぶっていて、ディオニュソスの祭りの音楽を演奏しているものである。ディオニュソスの祭りは春に行われ、音楽、ダンス、演劇が行われた。ハトラにはローマ文化を通してディオニュソスの祭りが伝播した蓋然性が大きく、同じ時代の青銅で作られた美しい青年のディオニュソス像も出土している。

また、ハトラではパルティア時代の貴人像が出土している。貴人像は丈の長いチュニック風の上着にズボンをはき、左手に大きなリュトンを持っている。このリュトンの先端は牡牛の頭になっていて、頭からリュトンの飲み口の方に向かって葡萄が唐草状に絡みついている。リュトンは儀式の時に用いる杯で、多くは動物の角の形をし、その底部に小さな穴があいているのが特徴である。この貴人像の着ている服はこの時代の正装であり、リュトンを持っているということは、何かの儀式に参加する貴人を表したのかもしれない。

図20　葡萄唐草文浮彫り（2～3世紀　ハトラ出土）

図21　生命の樹と山羊（3～7世紀　ベルリン・ダーレム博物館蔵　Musées Royaux D'Art et d'Histoire, *Splendeur des Sassanides* による）

パルティアの後に興ったササン朝ペルシアは、唐時代の文物や正倉院の工芸に大きな影響を与えてきた。ベルリンのダーレムにあるイスラム美術館の蔵品であるストッコ（漆喰《しっくい》）の板（三～七世紀）には聖樹と山羊《やぎ》が浮彫りされているが（図21）、首都のクテシフォンから出土した壁面装飾のタイルである。クテシフォンはイラクの首都バクダードの南方に位置し、パルティアからササン朝ペルシア時代の都市遺跡である。現在残っている遺構は、ササン朝ペルシアのシャープール一世（二四一～二七二）が最初に作り、後にホスロー一世（五三一～五七九）によって再建されたといわれる宮殿正面の部分「ターキ・ケスラー（ホスローのアーチ）」である。一九二〇年代末から三〇年代初めにO・ロイターやE・キューネルによって発掘が行われ、ササン朝時代の邸宅からストッコの壁面装飾タイルが出土している。タイルの文様は、中央に葡萄の木が立っていて、上の部分で枝が左右に分かれ、先端に実、葉をつけている。葡萄の木の下には左右に大きな角の生えた山羊が後ろ足で立ち上がっている。左右の山羊は王宮の猟園で飼われている山羊で、葡萄の木は生命の樹として描かれているものである。生命の樹と動物の文様は、正倉院宝物の屛風《びょうぶ》や織物などに装飾されわが国にも伝わっている。ササン朝ペルシアの王宮には駝鳥《だちょう》、山羊、驢馬《ろば》、孔雀、獅子《しし》などを飼っている猟園がある。

ササン朝宮殿の壁面装飾

あり、ここに描かれた山羊もそのような山羊であろう。ササン朝の工芸美術を代表する華麗な鍍金銀皿に描かれた猛獣狩りの図は、このような王室付属の猟園で行われた狩猟を表したものといわれている。

ササン朝の銀壺の葡萄唐草文

ササン朝ペルシアの銀器としては盤、長杯、皿、八曲長杯《はっきょくちょうはい》、水注《すいちゅう》などが知られている。これらの銀器は大きさも手ごろであり、持ち運びが容易であったので、ササン朝の版図以外にも交易品ないし贈り物として運ばれ、その一部は中国からも出土している。中国では銀そのものが商取引の対象となっていたので、ササン朝の良質の銀製品は絶好の品物であったことも、ササン朝の銀製品が中国のような遠方にまで運ばれた一因であったと推定することが許されよう。このような銀器にもむろん、葡萄唐草文が装飾された。次にササン朝の銀器に装飾された葡萄唐草文をみることにしよう。

テヘランの国立考古博物館蔵のいわゆるアナーヒター女神装飾壺は（五世紀）、イランのマーザンダラーンから出土したものである（図22）。文様は、植物文様の柱の上に葡萄唐草文のアーチがつき、その中にいわゆるアナーヒター女神あるいはダエーナー（死者の霊魂ないしゾロアスター教の化身）とされる女性が立っていて、犬・鳥・蓮華などを持っている。左肩の上にはライオン、左右の足の下には鳥を配している。底部にはスィーモルグという想像上の霊鳥がメダイヨンの中に入り、その上下にライオンの首がついていて、ライオンの口の部分に小穴があいている。底部に小穴があいているので、これはリュトンのように儀式に使用された容器であろう。しかもそれぞれのライオンの口に小穴があいていることは、二人の人間が同時に飲むことが考えられ、結婚や盟約のような儀式に使用したものであろうか。

アナーヒター女神は水と豊穣、戦勝の女神であり、ゾロアスター教徒に崇拝されていた。ササン王家の先祖は、ファールス地方のイスタフルにあったアナーヒター女神殿の神官であったといわれている。イラン北西部のターキ・ブスターン大洞に彫られたペーローズ（四五九～四八四）、ホスロー二世（五九一～六二八）ないしアルダシール三世（六二八～六三〇）の王権神授浮彫りには、盛装したアナーヒター女神が帝王に正統・正当な王権のシンボルたるディアデム（リボンのついた環）を渡している。

一方、ダエーナーはゾロアスター教において、死者の清らかな魂を女性の最も美しい一五歳の乙女の姿で表したものともされているが、通常は裸体に近い姿で描写されている。ダエーナーの図像はペリオが将来した敦煌文書（パリ、国立図書館蔵）の中にも描かれて

図22　アナーヒター女神装飾壺（5世紀　テヘラン国立博物館蔵　Musées Royaux d'Art et d'Histoire, *Splendeur des Sassanides* による）

いる。もっともこの女性像はイランのダエーナーのような裸体ではなく、中国的な衣服をまとった女性として表現されている（張広達「唐代祆教図像再考」『唐研究』第三巻）。ダエーナーは死んだ善人の霊魂を迎えにくる存在であるから、この壺に描かれた葡萄と女性はゾロアスター教の楽園を表したものであろう。

これとは別にO・M・ドールトン著『オクサス遺宝』の中にあげられている葡萄唐草文《ぶどうからくさもん》銀壺《ぎんこ》には（図23）、別の図柄の葡萄唐草文が描かれている。この銀壺は五世紀ごろに作られたもので、大英博物館に収蔵されている。オクサス遺宝はアムダリア遺宝ともいわれ、一八七七年タジクスタンの南部の遺跡（タフティ・カワード、タフティ・サンギーン）で発見されている。この本の中には、オクサス遺宝以外の他の地域の出土品も含まれている。この銀壺もその一つで、十九世紀末にイラン北部から発見されたものである。文様は二本の葡萄の木が唐草文状に枝を広げているもので、その間に葡萄収穫の人物、バスケットに山盛りにはいった葡萄の実が配置され、一本の葡萄の木の下に鸚鵡《おうむ》、他の木の下に孔雀、上にジャッカルと小鳥を表した図柄である。この文様の図柄は前述したアレクサンドリアから出土した葡萄唐草文杯やアッティカ式の石棺などに用いられたものと同じであり、おそらく、そうしたものからペルシアに伝わったものであろう。

図23　葡萄唐草文銀壺（5世紀　大英博物館蔵
Musées Royaux d'Art et d'Histoire, *Splendeur des Sassanides* による）

ササン朝の銀皿や盤に描かれた葡萄唐草文

次に銀皿や盤など、それぞれ異なった文様の葡萄唐草文を二、三紹介しよう。アメリカのサックラー美術館蔵の葡萄唐草文銀皿は（図24）、六～七世紀に制作されたものである。文様は花の蕾《つぼみ》から、二本の木が絡み合って出ていて、二本の木のうち一本は葡萄の木で、途中から左右に分かれスクロールし、各枝から葡萄の実や葉がでている。もう一本の木は上まで伸びていて、先端に大きなチューリップの花がついている。この枝も途中で左右に分かれてスクロールし、その先端のそれぞれにチューリップの花を側面、真上から見たものをつけている。先端のチューリップの左右には孔雀、左上に尾の長い鳥を配している。葡萄の木の左右には大きな角の山羊が前足を枝にかけ立っている。

この銀皿には葡萄の木とチューリップが途中まで絡み合って描かれているので、なぜ葡萄とチューリップがと思われる方もあるであろう。しかしチューリップは葡萄と共通する意味を持っているのである。チューリップは中央アジアや西アジアが原産地であり、春になると高原や山岳地帯に赤や黄色の花を咲かせ、春を告げる花である。別の銀器に描かれたチューリップは、山岳文様とともに描かれていて、チューリップが高原や山岳地帯の花であることを表している。野生のチューリップは春になると花をつけて、一ヵ月もすると

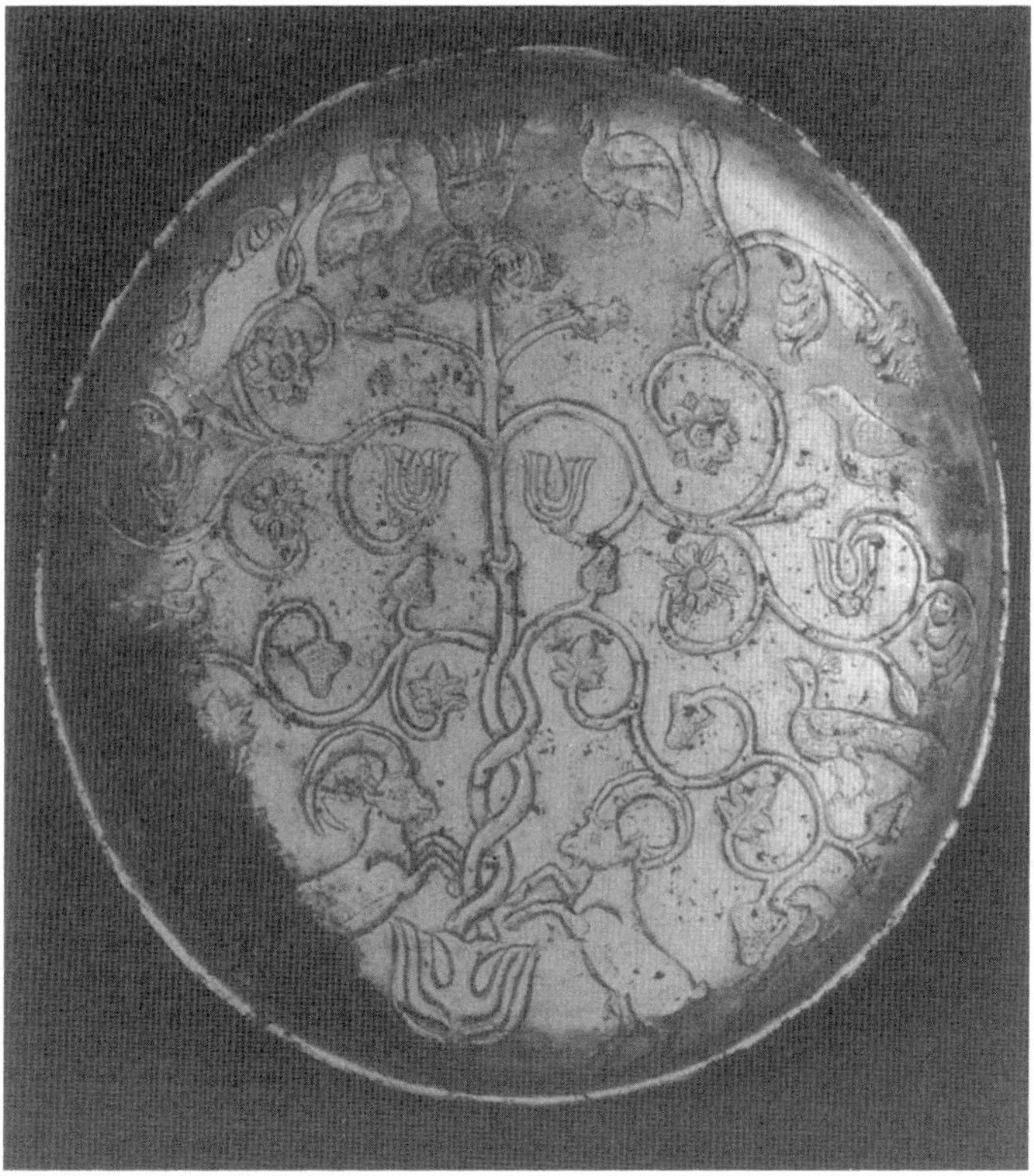

図24　葡萄唐草文銀皿（6～7世紀　サックラー美術館蔵
A.C. Gunter, P. Jett, Ancient Iranian Metalwork による）

花は枯れてなくなり、次の年の春になると再び花をつける習性が、生命力の象徴となったのである。ササン朝ペルシアではチューリップの花が愛されて、スタンプ印章、銀器、織物、建物の装飾に用いられている。

もう一つの葡萄唐草文円盤も同じくサックラー美術館の蔵品であるが（図25）、六～七世紀のものである。円盤は中空で、表面を金で鍍金《めっき》している。文様は中央に孔雀のような鳥を入れたメダイヨンがあり、その上と下に葡萄の木が両手を広げたようにスクロールしていて、その先端に葡萄の葉・実がついている。上と下の葡萄の木の間には動物が左と右に（右にジャッカル、左に犬）葡萄の実を食べている。上にある葡萄の木の左右と下にある葡萄の木の右側に鳥を配している。

また、メトロポリタン美術館蔵品の葡萄唐草文銀鉢（七世紀）の文様は中央にライオンを配し、その周囲にメダイヨン状に葡萄唐草文を巡らせ、葡萄の枝が分かれる部分に巣にこもる二羽の鳥を配している。メダイヨンの中には葡萄の収穫、葡萄酒の仕込をする人々が配置されている。

以上、三つの容器に見られる葡萄唐草文の文様を挙げてみたが、どの容器にも葡萄が生命の樹として象徴的に描かれ、左右に動物や鳥を配置する図柄が用いられている。このよ

図25　葡萄唐草文盤（6～7世紀　サックラー美術館蔵
A.C. Gunter, P. Jett, Ancient Iranian Metalwork による）

うな文様は古代西アジアの樹木信仰から起こり、メソポタミアにおいて初期王朝時代以降の円筒印章《えんとういんしょう》や彩《さい》文土器《もんどき》の文様に用いられている。これらの伝統的な文様はササン朝時代になると、古くからこの地域に伝わる伝統的な角の大きな羊、山羊のほかにジャッカル、ライオン、犬などの動物を使用するようになった。ただし鳥に関しては、孔雀、尾の長い鳥、鸚鵡《おうむ》などに限られ、北アフリカや地中海沿岸地域の文様と比較すると種類が少なくなっている。

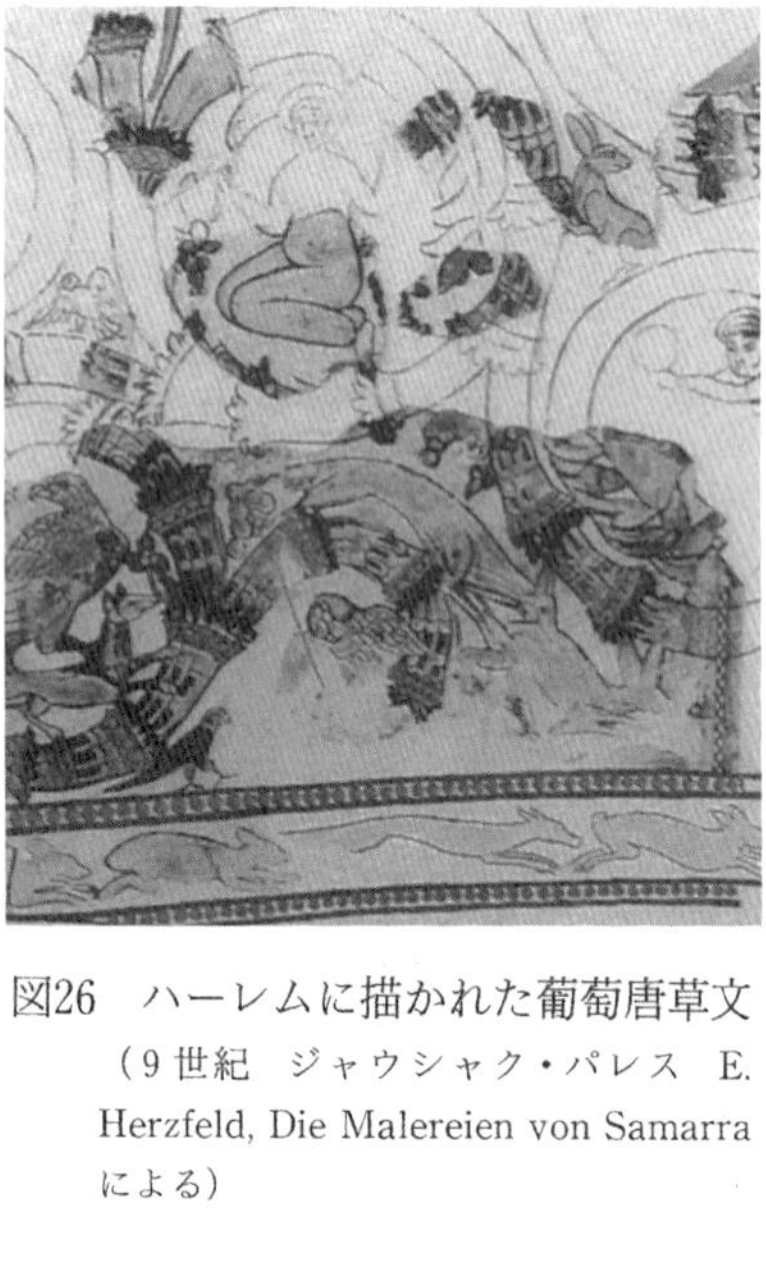

図26　ハーレムに描かれた葡萄唐草文
（9世紀　ジャウシャク・パレス　E. Herzfeld, Die Malereien von Samarra による）

アッバス朝の宮殿に描かれた葡萄唐草文

バクダードの北、ティグリス河畔にあるサマッラーは、九世紀にアッバス朝の首都が置かれた都市であり、宮殿址や寺院址が発掘されている。ジャウシャク・パレスのハーレムの中にあるドーム天井の部屋からは、人物、動物の狩猟と葡萄唐草文が描かれた壁画が発見された（図26）。

葡萄唐草文は太いアカンサス唐草の幹に葡萄をつけたもので、前時代のササン朝の葡萄唐草文とは異なっている。サマッラーの壁画の葡萄唐草文はローマのヴァチカン美術館にあるコンスタンツァの石棺に見られる葡萄唐草文と類似していて、アカンサス唐草文の本体に葡萄の実や葉をつけた唐草文であり、むしろ初期キリスト教文化の葡萄唐草文と似ている。葡萄唐草文の中の人物像には、いかにもペルシア風の豊満な女性が座っている姿が描かれている。その他にジャッカルを押さえつけている鷲《わし》、その左に鷲と鹿、右に兎を捕らえるジャッカルを配していた。これらの図柄に表された鷲は古代メソポタミアやイランでは天空を支配するものとして、太陽・富・栄光・世界の王者など、王権のイデオロギーを象徴するものであって、豊穣と再生の象徴である。鷲が動物を襲う図はユーラシアにおいて冠の飾りとして各地で用いられている。すなわち、この図は葡萄唐草文の中に狩猟する王者を描写することによって、豊穣の観念を表象しているのである。

中央アジアおよびインドの葡萄唐草文

リュトンに描かれた葡萄唐草文

次に中央アジアの葡萄唐草文を見てみよう。ソヴィエト連邦の考古学者M・E・マッソンと夫人のG・A・プガチェンコーウァは一九四六年から六〇年にかけて、トルクメニスタンの首都アシュハバードの郊外にある、パルティアの都城址旧ニサの遺跡（前三～三世紀）を発掘した。城内にあった王の倉庫からは、象牙製のリュトンの断片が多数発掘された。リュトンは後に断片がつなぎ合わされ復元されると、八三点という驚くべき数が復元された。その中に葡萄唐草文を胴部に彫ったリュトンがある（図27）。一つのリュトンには大きな実のついた葡萄が描写されているが、別のリュトンには野葡萄のような小さな実がなった葡萄が表現されている。

図27　リュトンに描かれた葡萄唐草文（前2～1世紀　ニサ出土
M.E. Masson, G.A. Pugachenkova, Parfjanskie Ritony Nisy による）

さらに他のリュトンには、葡萄唐草の下に男女が半裸体で踊っているディオニュソス祭のような豊穣の祭りを表したシーンが彫られていた。アレクサンダー大王の遠征以来、ギリシアやローマの文化が中央アジアに流入したことが明らかである。また、陶器の断片に書かれたワインの取引に関する文書も、多数出土している。この地域においても、パルティア時代には葡萄栽培とワインの醸造が盛んであったことを物語っているものである（アシュハバードの東方のメルヴは良質のワインの産地としてローマ人に知られていた）。

ガンダーラの仏教彫刻における葡萄唐草文

一世紀から三世紀にかけてアフガニスタンやパキスタンを支配していたクシャーン朝の時代には仏教が栄え、各地に伽藍《がらん》やストゥーパ（仏塔）が作られ、仏像が多数制作された。中央アジアからインドにいたるクシャーン朝の版図には、アレクサンダー大王の東征以来、ヘレニズム文化が伝播《でんぱ》していた。これらの地域で制作された仏教彫刻には、ヘレニズム美術の様式および図像が決定的な影響をおよぼしている。

アメリカのボストン美術館所蔵のピラスター断片は（図28）、三世紀ごろに建立された仏教寺院を装飾していたと考えられるが、その葡萄唐草文は、二本の葡萄が左右に交差してメダイヨンを作りながら、柱の上部に続いていく文様である。それぞれのメダイヨンの中には葡萄の葉・実のほかにリュトンから酒を飲む人物、愛撫する二人の男女、葡萄を摘んでバスケットに入れる人、葡萄を踏む人、弓を引く人などが配置されている。これらの人物はディオニュソス祭のような豊穣の祭りに極めて関係深いものである。ガンダーラの仏教彫刻の中にはこのほかに、肌をも露わにした男女の饗宴図、キスをしている図、酒を飲んで酔っぱらった図など、およそ仏教寺院に相応《ふさわ》しくない彫刻がある。なぜ、仏教寺院にこのような世俗的・官能的な図柄を彫刻したものを飾ったのであろうか。実はそれらは

図28　仏教寺院のピラスター（一～三世紀　ボストン美術館蔵
Museum of Fine Arts, Boston, Bulletin, vol.LXIII, no,333 による）

イラン系民族であるクシャーン族仏教徒がイメージしていた楽園の姿なのである。当時のクシャーン族仏教徒はゾロアスター教から仏教に改宗した人々であったが、彼ら本来のゾロアスター教的楽園の世界を仏教に持ち込んだので、このような一見非仏教的な楽園＝極楽の図像が生まれたのであろう（田辺勝美『ガンダーラから正倉院へ』同朋舎出版）。それゆえ、このような最も世俗的な楽園の世界が、仏教寺院の装飾として用いられたのである。

また、別のピラスターの装飾にはメダイヨン状の葡萄唐草の中に、葡萄の葉と実のほかに孔雀、山羊、鷲、鹿など動物たちを配したものがある（口絵）。このピラスターの装飾も鳥や動物が遊び、葡萄が豊かに実る楽園＝極楽のイメージを柱に刻んだものであろう。

エフタルの葡萄唐草文

中央アジアでは五世紀から六世紀ころ、トハリスタン（オクサス河中流域）からアフガニスタンを中心に、遊牧民族のエフタルが他の民族を支配していた。エフタル族の銀器の中に、葡萄唐草文と女性を表した文様が見られる。一九七八年、タジクスタン、リャフシュII遺跡の第三クルガンから銀皿が一点発掘された（図29）。銀皿の中心部分のメダイヨンには、左右から生えている葡萄の木をつかんだ裸の女性が立ち、女性の足下には池（川）とチューリップが描かれていた。葡萄の木は左右からゆったりとスクロールして、銀皿の上部中央で接触しアーチを作り、実と葉は大

図29　葡萄唐草文銀盤部分（5～6世紀　リャフシュII遺跡出土　田辺勝美・前田耕作編『世界美術大全集、東洋編15』中央アジア、による）

図30　葡萄唐草文銀盤部分（5～6世紀　大英博物館蔵）

きく表現されている。葡萄や裸の女性、チューリップなどササン朝の銀器と共通した文様が描かれているので、ササン朝の図像の影響を受けたものであろう。エフタル族は五世紀中ごろササン朝ペルシアをやぶり勢力を広げたが、六世紀中ごろササン朝ペルシアのホスロー一世と新興の西突厥《とっけつ》（トルコ族）によって挟撃され滅ぼされた。

一方、大英博物館が所有する別のエフタル族の銀皿にも、リャフシュII遺跡から出土した銀皿と同様の葡萄唐草文が用いられている。この銀皿は左右に生えている葡萄唐草文の中にクベーラとヤクシニーの酒宴図が描かれている（図30）。クベーラはヤクシャの大将であり、インドの豊穣と富財の神で、ガンダーラでは毘沙門天となり、それが中国やわが国に伝播している（四天王像、七福神）。ヤクシニーは樹の精霊で豊穣の神である。クベーラとヤクシニー（ラクシュミーまたはシュリー女神）はガンダーラにおいてイラン系の豊穣の神ファッローとアルドクショー女神と習合したが、これら両神格の職能はディオニュソス神と同じ豊穣を司るものであったから、葡萄とともに表現されたのであろう。エフタル族は当時北インドの一部も支配していたので、クベーラやヤクシニーなどインドの神だけでなく、グプタ美術系の様式の影響もこの作品にはみられる。

中国の僧の宋雲は六世紀初めに仏法を求めてインドに旅した際、エフタル族の国を通過したが、その旅行記に「田畑はひろびろしており、山河は遙かに広がり、町は城郭も無く、遊牧しながら統治している」と記しているが、エフタルの人々については「氈《せん》で家を作り、水や草を追って移動する」と述べている（長沢和俊訳『宋雲行記』東洋文庫、平凡社）。また、エフタル族の宗教については「仏法を信ぜず、多くは他の神に仕えている」とあるので、おそらくゾロアスター教を信じていたのであろう。葡萄はペルシアと同様豊穣のシンボルであり、現在でもアフガニスタンでは良質の葡萄の栽培が盛んに行われている。

ピャンジケントの葡萄唐草文

エフタル族の覇権《はけん》が瓦解《がかい》した後、中央アジアを支配したのは西突厥《とっけつ》であるが、商業にたけたソグド人は、大国家ではないが、エフタル治下のソグディアナの各オアシスに都市を形成していた。タジキスタンのピャンジケント遺跡は、そのようなソグド人たちが住んでいた都市であった。この都市は王宮のある城塞部分とシャフリスタンという下町の部分、墓があるネクロポリス（郊外）から形成されていて、シャフリスタンにあったゾロアスター教寺院や貴族の館から壁画が出土している。この遺跡は八世紀半ばイスラムの進出によって滅びることになるのであるが、その際火事になって焼けこげた住居の中から、木製の室内装飾板が炭化して出土している（図31）。その装飾板には大きな葡萄の実や葉が彫刻されていた。しかし断片のため

図31　炭化した室内装飾板（8世紀　ピャンジケント出土　ルダーキー博物館蔵）

に動物や人物が入っていたかはわからない。これらの室内装飾板は建物の入り口をアーチ状に装飾した装飾板であろうと、発掘したA・M・ベレニツキーは見なしている。ガンダーラ彫刻にみられるようなピラスターの葡萄唐草文が地理的にも近いこの地域にも伝わっていたのか、あるいはササン朝美術の影響かもしれない。この地域ではその後イスラムの時代になっても建物に葡萄唐草文の装飾が使用されている。

一方、ピャンジケントのソグド人貴族たちが大きなリュトンや八曲長杯、脚付き杯を用いてワインを飲んでいたことは、そのような饗宴の場面を描いた壁画が発見されていることによって証明される。このような饗宴がゾロアスター教の祝祭日などに頻繁に催されていたのであろう。実際にこの地域で制作された飲酒用銀器が発見されている。

中国の葡萄唐草文

葡萄唐草文《ぶどうからくさもん》を巡る旅もやっと中国にたどり着いたようである。中国の葡萄唐草文は前に述べたようにすでに漢時代の織物にみられたが、北魏《ほくぎ》時代になると仏教寺院の装飾や木棺の装飾に葡萄唐草文が施されるようになった。また、西方から中国に持ち運ばれた銀器や銅器にも葡萄唐草文が用いられていた。

西方から中国に運ばれた銅器と銀器

中国では漢時代から北魏時代にかけて、西方からシルクロードや草原の道を通り、ガラス器や銀器などが運ばれてきた。文化大革命の最中の一九七〇年、山西省大同で発見された銅器は、葡萄唐草文の中に葡萄収穫の童子を配した高脚付きの杯であった（図32）。中

図32　葡萄唐草文銅杯（3世紀　大同出土　山西省博物館蔵
朝日新聞社編『文化大革命中の中国出土文物』による）

国の報告者は童子が棒を持って遊んでいる図であると述べているが、葡萄の房を落としているもので、この図は「アッティカ式の石棺」などにみられるような童子の葡萄収穫図である。葡萄唐草文の杯は全体に鍍金《めっき》されていて、中国に運ばれたときは金色に輝いていたに違いない。おそらく、この杯はローマかローマの周辺で作られて、中国に運ばれたのであろう。この杯のほかに胴部に女性像を貼り付けた銅高脚付き杯、パルメットを貼り付けた銅高脚付き杯、マカラを打ち出した八曲長杯《はっきょくちょうはい》などが一緒に出土しているので、ササン朝ペルシアの杯であると中国の研究者は報告しているが、筆者はササン朝ペルシアの杯ではないと考えている。なぜならば、他の二点については断言できないが、少なくともマカラを打ち出した八曲長杯については、インド起源の怪魚マカラ（鰐《わに》のイメージを基にしたもので、水・川・豊穣のシンボル）がササン朝ペルシアの文様にはないから、これはササン朝ペルシアの文化とは結びつかないのである。また、この杯の制作方法が、ササン朝ペルシアの八曲長杯と異なる点もその根拠として挙げることができるからである。マカラはインドから中央アジアにも伝わっているので、あるいは中央アジアで作られたのかもしれない。おそらく、これらの銅器はさまざまな地域で別々に作られ、その後この地に運ばれ、一ヵ所に集められたと判断せざるをえないのである。

もう一つ中国へ運ばれた銀器を紹介しよう。一九八八年、中国甘粛省《かんしゅくしょう》靖遠県《せいえんけん》で、農家の建設中に敷地内から銀盤が発見された（甘粛省博物館、初師賓『文物』一九九〇年第五期）。この銀盤にはディオニュソス神と葡萄唐草文が描かれていた（図33）。文様の部分をもう少し詳しく説明すると、文様は外側・内側・中心の三つの部分から構成されていた。外側の部分にはS字状の葡萄唐草文の交差したものが、円周にそって縦に一六組配置されている。葡萄唐草文は葉と葡萄の実がついていて、その間に鳥、蜂、蝸牛《かたつむり》、蜥蜴《とかげ》など小さな動物を挿入していて、前に記述したアッティカ式の石棺やアンティオキアの聖杯と同じような文様である。内側の部分には十二人の胸像を配置している。報告者である甘粛省博物館の初師賓氏はオリンポスの十二神としているが、顔だけでは何とも判断しにくい。十二神を表現したものには方位、十二宮、十二ヵ月、酒杯に表現されたものなどがあるが、どれも違うようである。中心部分の文様と関係づけて考えてみたらよいのかもしれない。中心部分には獅子あるいは豹《ひょう》に乗り、テュルソスという杖を持ったディオニュソス神（バッカス神）が描写されている。これも報告者はアポロかバッカスかとしていたが、テュルソスという杖を持って獅子や豹あるいは虎などに乗っているのはディオニュソス神である。このことから考えると内側部分の十二の顔は、ディオニュソス神の眷属《けんぞく》のサチュロス、シ

図33　葡萄唐草文銀盤（2～3世紀　甘粛省靖遠出土　甘粛省博物館蔵
『文物』1990年第5期による）

レヌス、マイナスなどではないだろうか。こうしてみると、この文様は葡萄唐草文に小動物が挿入されている文様構成や、ディオニュソス神、銀盤の鋳造方法など、二〜三世紀に北アフリカや地中海沿岸の西アジアで作られた銀器を想起せしめるのである。もちろんこの文様の意味は、ローマ時代に作られたモザイクや銀器のそれと同じものであろう。

さらにこの銀盤には五文字の銘文が点刻されていた。この銘文はバクトリアでクシャーン朝の時代から七世紀ころまで用いられていたギリシア文字の草書体で記されている。筆者はG・D・J・ダヴァリの『バクトリア語辞典』に挙げられている、いくつかのクシャーン朝やクシャノ・ササン朝（三世紀半ば〜四世紀半ば）のギリシア文字を参考にしてこの銘文をha(o)roeという人名（シャロエ）と解読した（『古代オリエント博物館紀要』XIII）。しかし、後にクシャーン朝やクシャノ・ササン朝のギリシア文字銘の世界的権威、ロンドン大学のシムス・ウイリアムズ教授に、クシャノ・ササン朝のギリシア文字であることは正しいが、銘文は"narok=haruk"で一二〇〇ドラクマという重量を表記したものであると訂正されてしまった（*Bulletin of the Asia Institute*, vol. 9)。筆者は東部イラン語（バクトリア語）の門外漢であるので、イラン系言語の専門家であるシムス・ウイリアムズ教授の読み方が正しいに相違ない。しかしながら、銘文の時代は筆者が推定したとおりクシャノ・ササン朝時代のものであるから、この銀盤は地中海沿岸の北アフリカか西アジアの都市、大胆に都市の名前をあげるならばアレクサンドリアかアンティオキアあたりで二〜三世紀に作られて、三〜四世紀に中央アジアに運ばれ、この当時の持ち主が名前あるいは重量を刻み、さらに中国へと運ばれたものと考えられるのである。

雲崗石窟の葡萄唐草文

一方では仏教とともに葡萄唐草文も中国に伝わっていった。雲崗石窟《うんこうせっくつ》第一〇窟前室から後室に入る拱門《きょうもん》には、左右の柱や拱門の上部に葡萄唐草文が装飾されている（図34）。左右の柱の葡萄唐草文はメダイヨンをなす葡萄唐草文が二面、左右にスクロールする葡萄唐草文が一面と三面に分けて配置されている。メダイヨンをなす葡萄唐草文の中には、龍や鳥を挿入していて、スクロールする葡萄唐草文の間には鳥が挿入されている。拱門の上部には花綱を持った蓮華化生《れんげけしょう》が並び、それを上から取り巻くように横方向にスクロールした葡萄唐草文が装飾されている。これらの葡萄唐草文の中には鳥や中国的な麒麟《きりん》（龍かもしれない）を挿入している。葡萄唐草文は葡萄の葉は彫られているが、葡萄の実は拱門上部の左右に一部分だけ表現されているだけである。おそらく、中国においてまだ葡萄が一般的な果物ではなかったのではないだろうか。北魏時代や唐時代には、葡萄がまだ珍しい貴重な果物として食されていた。

図34　拱門の葡萄唐草文（5世紀　雲崗石窟第10窟　山西省文物工作委員会編『雲崗石窟』による）

その一例として『洛陽伽藍記《らくようがらんき》』の中に記述されている白馬寺の葡萄のことを紹介しよう。洛陽の白馬寺には葡萄の木があり、秋になるとその実がとてもおいしく実るころ、天子が行幸され、自ら葡萄を採り、臣下に分けてくださった。臣下の者はその葡萄があまりにもおいしいので、親戚にもあげて、この味を賞味したという話である。この話はそのころの葡萄が珍しい貴重な果物として扱われていたことを示しているものである。また、拱門の周りに葡萄唐草文を装飾することは、ガンダーラにおける寺院のピラスターの装飾が仏教とともに中国に入ってきた可能性が高いことを示唆しよう。ただ、動物については鳥以外の動物が中国の想像上の動物である麒麟や龍に変わってきているが、それも中国的な楽園へと移り変わってきているのであろう。拱門について八木春生氏は「石窟内には人間世界と隔絶した仏国土が広がっているのであるから、拱門が人間世界と仏国土とを隔てると同時に繋ぐ役割をする」として、拱門の奥には仏教的な楽園（仏国土）があることを指摘された（八木春生「雲崗石窟における山岳文様について」『MUSEUM』五二四・五二五）。すなわち、拱門は俗世界から聖世界への「通過儀礼」を象徴し、葡萄唐草文と鳥、動物たちは楽園そのものの象徴として装飾されたのである。

雲崗石窟の中には、ほかに第六窟、第一一窟にも縦メダイヨンを構成する葡萄唐草文がある。第一一窟の葡萄唐草文は六角形と楕円形のメダイヨンを交互に並べ、その中に飛天童子や鳳凰、龍などの中国的な想像上の動物を配している点において変化がみられる。

北魏時代の漆棺に描かれた葡萄唐草文

一九七三年、寧《ねい》夏《か》回《かい》族《ぞく》自《じ》治《ち》区《く》固《こ》原《げん》県《けん》（以下、寧夏固原県と表示する）より北魏時代の夫婦合葬墓が発掘され、男性の漆棺《しつかん》に画が描かれていた（寧夏博物館編『固原北魏墓漆棺画』寧夏人民出版社）。漆棺の蓋の部分には葡萄唐草文が縁どりされていた（図35）。葡萄唐草文は葡萄の実が不揃いで、葉のそばに実のような玉がついているもので、ところどころに尾の長い鳥が配置されている。その内側の左右に龕《がん》を描き、右側の龕の中には西王母、左側の龕の中には東王公（東王父）が描かれていて、左右の龕の間には天の川が流れている図であった。東王公の龕の上には太陽、西王母の龕の上に月が描かれていた。龕の下にはメダイヨンを構成する葡萄唐草文が網の目のように配置され、メダイヨンの中に半パルメットのような葡萄の葉が左右に分かれ、その上に鳳凰、龍、人首鳥身文様を配している。人首鳥身文様はニヤ遺跡から出土した漢時代の織物の中にも、葡萄文様とともに用いられたものである。

中国に入った葡萄唐草文は、どうして漆棺に描かれた西王母と東王公のような神仙思想とともに描かれるのであろうか。中国では漢時代以前より西王母は崑崙《こんろん》の山に住んでいて、

図35　漆棺画（5世紀　固原県北魏墓　固原県博物館蔵　固原県博物館編『固原北魏墓漆画棺』による）

崑崙の山が地上の楽園であって、そこに不死の樹があるとされていた。後漢時代になると、西王母に対して東王公が対になって描かれ、東方の太陽に対して西王母が月神の性格を持つようになっている。それは東方の太陽が西の果ての生命の国（生命の樹、生命の泉がある）を訪れて不死を得るという物語として位置づけられた（小南一郎『中国の神話と物語』岩波書店）。また、西王母の住んでいる崑崙の山や仙山には木が生い茂り、そこには鳥獣が戯れているところであるとされてきた。おそらく、ここに描かれた葡萄唐草文や鳥と動物たちは、神仙世界の楽園を表す図像として描かれたものであろう。この墓の年代は報告者によると、四八六年ころであるとされているので、雲崗石窟第一〇窟と同じころにこの墓が作られたことを考えると、五世紀の末には仏教にも神仙思想にも葡萄唐草文と鳥、動物の文様が楽園の象徴として用いられたことが判明しよう。

大明宮の塼に描かれた葡萄唐草文

最後に唐時代の大明宮の塼《せん》に描かれた葡萄唐草文を紹介しよう。大明宮は長安城外の龍首原《りゆしゆげん》に造られた宮殿で、大極宮、興慶宮《こうけいきゆう》とともに長安城の「三大内《さんだいだい》」の一つと見なされている。この宮殿は貞観《じようがん》八年（六三四）、太宗によって創建されたが、未完成のまま工事を中断し、高宗の龍朔《りようさく》二年（六六二）に再建された。大明宮内には含元殿《がんげんでん》、宣政殿《せんせいでん》、紫宸殿《ししんでん》の三つの主要な宮殿

図36　葡萄唐草文塼（7世紀　西安大明宮出土　中国社会科学院考古研究所編『唐長安大明宮』による）

があり、そのほかに西城壁よりに麟徳《りんとく》殿《でん》、西城外に含光殿があった。大明宮址は一九五七年から六〇年にかけて馬《ま》得志《とくし》氏を中心に中国社会科学院考古研究所によって発掘調査が行われた（中国科学院考古研究所編『唐長安大明宮』）。葡萄唐草文の塼は長安城西壁の外にある含光殿より発掘されたもので、正方形の形をしたものであった（図36）。

気軽に塼と書いてしまったが、この言葉になじみのある人は少ないであろう。塼というのは現代の言葉でいえば、煉瓦《れんが》のことであって、主に宮殿の床や壁、住宅、墳墓などを構築する建築材料として用いられていた。塼の文様はメダイヨンを構成する葡萄唐草文であって、メダイヨンの中に獅子のような獣を配置したものである。この塼をいくつも並べて敷くと、おそらく雲崗第一〇窟拱門の柱のような文様になるのではないだろうか。

獅子についてはライオンのことで、中国に古くから生息していた動物ではない。ライオンは西域諸国から中国に献上されていた。後漢時代には四回にわたり献上されていたが、安息国《あんそくこく》（アルサケス朝パルティア）が献上した回数が最も多い。これらのライオンは後漢時代から図像化され、画像塼などに描かれている。南北朝になると、仏像の両脇や墳墓の参道などを護る聖獣として扱われるようになっていった。葡萄唐草文は神仙世界や仏教の楽園を表す植物であり、この時代でもまだ一般に珍しい植物であった。永泰公主の墓の石《せっ》槨《かく》に描かれた宮廷の女性たちの中に、葡萄を山盛りにした鉢を持った女性が描かれている。葡萄唐草文と聖獣としての獅子は、天子の宮殿を楽園として装飾するものであり、一方では天子の宮殿を護る守護聖獣として装飾されたであろう。

葡萄栽培とワインの醸造

地中海沿岸の葡萄栽培とワインの醸造

葡萄栽培と風土

ギリシアから始まってローマ・北アフリカ・西アジア・中央アジア・中国まで、葡萄唐草文《ぶどうからくさもん》と人物、小動物の図像を訪ねる旅をしてきた。ギリシアから中央アジアまでの地域は、夏になると湿潤で雨が多い日本と異なり、少し歩くとのどが渇き、水の入ったペットボトルを手離すことができないほど乾燥している灼熱地帯である。これらの地域の多くは、古代より良質な葡萄が栽培されている地域であった。葡萄の図像が文物に用いられている地域は、また、葡萄の栽培やワインの醸造が盛んな土地でもあった。

ギリシアから地中海沿岸の北アフリカ、西アジアまでの地域における葡萄栽培を見てみると、葡萄の原産地に近く、北緯三〇度から四〇度にあり、地中海性気候のため葡萄の生育にとって極めて良好な地域であった（麻井宇介『比較ワイン文化考』中公新書）。葡萄の原産地はコーカサスの山中とか北アフリカなどともいわれているが、現在でも北半球では北緯三〇度から五〇度の間で主に栽培されている。葡萄が生育するにはある程度の水があり、乾燥した土地でなければならない。気温がちょうどよくても雨が多い土地では、収穫する前に葡萄の実が腐ってしまい、おいしい葡萄は実らないのである。地中海を取り巻くヨーロッパや北アフリカ、西アジアの地は夏に雨が少なく、冬に雨が降る地中海性の気候で、葡萄の生育にとってよい環境であった。また、葡萄は砂漠の中のオアシスにも栽培できたので、古代よりこのような土地でも栽培されてきた。葡萄は乾燥した土地では、のどが乾いたときに水がわりに搾ってのどを潤す〝生命の水〟ともいうべき植物であった。搾った葡萄のジュースはそのままに放置すると自然に酒になり、それは何年も保存することができた。

一方、日本のように極端に暑くも寒くもない気候の国では、手軽によい水が飲めるので、水はいつでもただで飲めるものと考えられてきた。最近ではその考え方も改められつつあるが、私たちの中にはまだ少しこのような考えが残っていると思う。しかし乾燥した気候の国では、水がすぐには飲めないので果実をジュースにして飲むことを考え出したのである。私たちは柘榴《ざくろ》を食べるときに赤い実がたくさん入っているので、口に入れてはぺっぺっと吐き出して食べている。しかし、西アジアや中央アジアの国の人々は私たちと同じこともするが、もう一つ違った食べ方をしている。柘榴の皮に穴をあけて、皮の上から手でギューッとしぼりだしてジュースを飲むのである。葡萄もどちらかといえば、果物として食するよりは、ジュースあるいはワインとして飲んでいた。乾燥した土地では水とジュースは同じものを意味していたのである。前に述べたように、『旧約聖書』創世記の〝ノアの箱舟〟において、ノアは洪水の水が引いたとき最初に植えた植物が葡萄であり、その葡萄でワインを造ったことが記述されていることからみても、乾燥した土地に住んでいる人たちにとって、水分のある葡萄が恵みの植物であったことが明らかであろう。

古代エジプトの王墓に描かれた葡萄栽培とワインの醸造

古代エジプトではメソポタミアと同じようにかなり早い時代からワインが醸造されていた。エジプトのテーベにあるナクトの墓は紀元前十五世紀ごろの貴族の墓であって、墓室には葡萄棚の下で葡萄の実を採る人、葡萄を入れた桶の中で実をつぶす人、その傍らでジュースをアンフォーラに詰める人がフレスコ画で描かれていた（図37）。また、

図37　葡萄栽培とワイン醸造図（B.C15世紀　ナクト墓　吉村作治編『世界美術大全集、西洋編』エジプト、による）

同じテーベにあるセンネフェルの墓でも墓室の前室と奥室の天井半分に葡萄を描いている。別の貴族の墓には当時の庭園が描かれ、庭園の中心に大きな葡萄園があり、その周囲に棗椰子《なつめやし》や杉の木を植え、四つの池を配していた。当時の王や貴族の墓の中にはワインの奉納の場面や貯蔵庫、ワインのリストなどが記されていた（Mu-Chou-Poo, *Wine and Wine Offering in the Religion of Ancient Egypt*, London)。しかし、エジプトにおいてもワインは、王や貴族など一部の人々が飲んでいたのであって、一般の人々はワインを飲んでいなかったようである。

ヘロドトスは『歴史』の中でエジプトのことを伝えているが、ワインが祭司に給与として与えられたり、アルテミスの祭りにワインが振舞われたりしたことを記している。また、ヘロドトスは農耕地帯に住む人々の生活について「酒は大麦から製したものを用いている。この国には葡萄を産せぬからである」と記している（ヘロドトス〔松平千秋訳〕『歴史』第二巻七七）。ヘロドトスのころのエジプトでは一般にワインよりも、大麦から造られたビールを飲んでいたのである。しかし葡萄の栽培やワインの醸造については、既述したように、王や貴族の墓の中に描かれた壁画や文字によって、古くから行われていたことが明らかである。

その後、北アフリカでは紀元一世紀になると葡萄がよく取れ、ワインを醸造し、ローマにそれを輸出していた。そのころのアフリカはローマの穀倉地帯でもあり、ローマ市民の胃袋を満たしていた。

古代ギリシアとローマの葡萄栽培とワインの醸造

ギリシアでは紀元前六世紀ごろの黒絵式陶器の中に杯や混酒器《こんしゅき》、貯蔵する壺など、ワインに関連したものが描写されているが、これらの陶器に葡萄の収穫の図やワイン醸造の図も描かれていることから、このころのギリシア人の生活にワインが不可欠なものになっていたことがわかるのである。葡萄の収穫図には葡萄の木が立ち並ぶ中に、木に登り実を落とす人や籠の中に山のように実を入れている人など、葡萄を栽培していることが明らかな図柄が描かれている。ワインの醸造についても、葡萄の実を収穫して、踏みつけてジュースを搾る人、アンフォーラに入れる人などが描かれていて、醸造の過程がよくわかる。

ギリシアのワインが紀元前五世紀にフェニキアおよびエジプトに輸出されていたことを、ヘロドトスが伝えているので、ギリシアがワインの生産地となっていたことが判明しよう。このころのギリシアのワインはかなり甘いものであった。『オデッセイア』の第九巻の中には、神仙の酒ともいうべきワインが記されていて、このワインを杯に入れて二〇杯分の水で割ると惚れ惚れするような芳香がただよってくるというのである（ホメロス〈呉茂一訳〉『オデッセイア』世界文学全集一、河出書房）。この話はオデッセウスが一つ目の巨人キュクロープスの岩屋に入り、この酒を飲まして巨人を泥酔させ、一つ目をつぶして羊を奪い、逃げ出す一部始終を述べたものであるが、かなり誇張した表現をしてあるのかもしれない。しかし、『オデッセイア』の中には、ワインを表す常套句として、甘いおいしい葡萄の酒や蜜酒などの言葉がいくつも使われている。古代ギリシアではワインというものは甘いものと決まっていたのであろう。だからクラテールなどワインを水で割るための混酒器を必要としたのである。ギリシア人は水で割らないワインの飲み方を、野蛮な飲み方であるとしているのである。ローマ時代の博物学者である大プリニウスは、トラキアの海岸地方にマロネアブドウ酒があり、このワインは蜂蜜をワインに入れて造られたもので、オデッセウスが一つ目の巨人キュクロープスに飲ませたのは、このワインであったことを記述していることからも、このような甘いワインが造られていたことが明らかであろう。

大プリニウスは『博物誌』の中で葡萄の栽培と葡萄の種類、葡萄園の経営、ワインの等級などを記している。この当時の葡萄栽培については、支柱を立てて一本の木から棚全体を覆いつくす方法や他の木にからませる方法、支柱なしで栽培する方法を紹介している。そして、こうした栽培方法は葡萄に適した気候と土壌から学んだ経験から得られたものなのであるとしている。葡萄の種類についてはありとあらゆる種類があり、それはワインの種類が多いことでも明らかであって、最高の葡萄をアミナエア葡萄であると記している。そしてイタリア産のワインの序列を第一級から四級まで記述し、第一級のワインはアドリア湾岸のワインで、第二級のワインをファルヌム酒であるとしている。その他にイタリア各地のワインをあげ、さらに外国産ワインの分類までしている。この記述は紀元前一世紀ごろのローマの人々がいかに葡萄酒と結びつきが深いかを物語るものである。ポンペイでは土間に大甕《おおがめ》を並べた酒屋の遺構が出土していて、市民がワインを買い求めていたことがうかがわれる。

一世紀から二世紀になるとローマの属州である北アフリカ、ガリア、イスパニアなども葡萄酒の産地になっていて、ローマ市民の胃袋を満たしていたのである。北アフリカのシェルシェルからは、三世紀ごろの葡萄栽培の畑仕事や葡萄酒造りを表したモザイクが出土している。また、同じ北アフリカ各地から出土する四季を表すシーズン・モザイクの図像には、大きな葡萄の房を持った秋の擬人像を配置しているものがみられる（D. Parrish, *Season Mosaics of Roman North Africa*, Roma）。四季を擬人化した像はそれぞれ春夏秋冬に収穫されるものを手に持っているが、秋の擬人像が明示しているように、葡萄の栽培がこの地域の農業経済に重要であったことがわかる。

西アジア・中央アジアの葡萄栽培とワイン醸造

メソポタミアのワイン醸造

古代メソポタミアでは青銅器時代の遺跡から葡萄やワインのことを記録した粘土板《ねんどばん》が出土しているので、かなり古くから葡萄が栽培され、ワインが作られていたことが判明する。メソポタミア北部では、王や貴族たちが彼らの所持していた庭園の中に果樹園を設け、葡萄や無花果《いちじく》、柘榴《ざくろ》、棗椰子《なつめやし》など多くの実のなる植物を栽培していた。彼らが飲んでいたワインはこのような果樹園で栽培された葡萄で造られたものであった。

一方、メソポタミア南部ではビールを飲んでいたのである。メソポタミアでは大麦の栽培が古くから盛んであった。人々は大麦で作ったパンを発酵させてビールを作っていた。

初期王朝時代の円筒印章には、パンのかすを飲まないようにカップの中にストローを入れてビールを飲んでいる様子が刻印されている。

では、どうして北部では葡萄から造ったワインを飲んでいて、南部ではビールを飲んでいたのであろうか。メソポタミア南部では暑さが激しいために、木が枯死したり、実が腐ったりするので、葡萄の栽培にはまったく適さなかった。これに対して北部ではそのようなことがないので、葡萄の栽培に極めて好都合であったのである。葡萄の栽培に適さない地域はワインを輸入していたであろうから、ワインはビールよりも高級な酒として扱われていたようである。

すでに紹介したようにアッシリアのアシュールバニパル王と王妃は、葡萄の木の下でワインを入れた杯をあげ、戦勝の祝いをしていたのである。このような図柄は、戦争と平和の観念的な形態として描かれたのであろう。アッシリアの王宮の果樹園や猟園にはたくさんの葡萄が栽培され、王はこの猟園でライオン（捕獲し飼育していた）を獲物として狩りを楽しんでいたのである。また、果樹園からとれる葡萄でワインを醸造していたことはいうまでもない。

アケメネス朝の葡萄とワイン醸造

紀元前四世紀末から紀元前三世紀初頭、ギリシアの哲学青年クセノポンは、アケメネス朝ペルシアのキュロス王子の反乱軍指揮官として従軍した。キュロス王子というのは、アケメネス朝ペルシアを建国したキュロス二世大王ではなく、アルタクセルクセス二世の弟のキュロスである。キュロスの反乱は兄アルタクセルクセス二世との王位をめぐる争いが原因となって勃発した。クセノポンは反乱軍に従軍した記録を『アナバシス』に記述している。その中で葡萄の栽培については、小アジアからバビロンに向かう途中のキリキアや、黒海に面したトラキアについてのことが書かれている。現代の地図でいえば、キリキアはトルコ南西部で、地中海に面したシリアに近い地域であり、トラキアはブルガリアである。クセノポンによれば、キリキアでは水利もよく葡萄の木をはじめとしてさまざまな樹木が生えていたという。トラキアでは大麦や小麦はむろん、あらゆる種類の野菜も採れ、おいしいワインを造れる多数の葡萄の木があると記述している。また、ティグリス河上流や小アジアでは葡萄を栽培し、大量に葡萄酒を作り、それを蓄えるために漆喰《しっくい》で固めた貯蔵庫があったとされている（クセノポン〔松平千秋訳〕『アナバシス』岩波文庫）。

旧ニサから出土した陶片文書

一方、トルクメニスタンの首都アシュハバードの西方にあるパルティアの都市旧ニサの遺跡が、一九四八年、M・E・マッソンが率いる南トルクメニスタン考古学調査団によって発掘された。この遺跡の調査中に、遺跡の近くの住民によって土器の破片が、考古学者のもとに持ち込まれた。それらの水差しや壺の破片には文字が書かれていた（図38）。この陶片文書はその後の発掘調査で、内城やトレンチ（試掘溝）の中からも発見された。M・E・マッソンはこの陶片文書の写真を数人の東洋史学者に送り、解読を依頼した。東洋史学者の中でM・M・ディアコノフだけが、陶片文書を解読することを試みた。彼は兄弟の言語学者であるI・M・ディアコノフやV・A・リフシッツとともに、この陶片文書を解読することに成功した。陶片文書はアラム文字（パルティア語）で書かれていて、紀元前一世紀から三世紀のものであった。さらに一九五一年には王のワイン貯蔵庫が発掘され、そこから多くの陶片文書が発見された（I. M. Diakonoff, V. A. Livshits, *Parthian Economic Documents from Nisa*）。これらの陶片文書の多くは、各地域の葡萄園からワインが納入され、貯蔵所に納められたとき取り交わされた受領書など、ワインの取引に関するものであった。その中には「古いワイン」、「ビネガー（酢）」、「古いビネガー」などと書かれているものがあった。これはワインを検査した際にビネガーになって飲めなくなったワインを他のワインと区別するために書かれたものであった（V・M・マッソン〔加藤九祚訳〕『埋もれたシルクロード』岩波新書）。

パルティアの人々は、良質の葡萄の採れるイラン東北部、中央アジア各地で葡萄を栽培して、ワインを造っていたのであろう。

クシャーン朝時代のワイン醸造所と貯蔵所

また、ウズベキスタン南部、アフガニスタンやタジキスタンの国境に近いダリヴェルジン・テパ遺跡においても、ワインの醸造所と貯蔵所が発掘されている。ダリヴェルジン・テパ遺跡はオクサス河（アムダリア）の支流スルハン・ダリア川の流域にあり、内城とシャフリスタン（都市）の部分よりなるが、この地域最大の都城址である。この遺跡はL・I・アリバウムによって一九四九年より試掘が行われ、一九六〇年代G・A・プガチェンコーウァによって発掘された結果、紀元前三世紀から紀元七世紀ごろまでの文化層が確認されている。一世紀から三世紀のクシャーン朝時代には、土器を焼く手工業者やワインの醸造所・貯蔵所・裕福な商人の家・仏教寺院・溜め池などがシャフリスタンにあり、仏教寺院から仏像や供養者の王侯貴族像が出土している。裕福な商人の家からは、壺に入った金の延べ棒や

図38　陶片文書（B.C2〜1世紀　旧ニサ出土
I.M. Diakonoff, V.A. Livshits, Parthian
Economic Documents from Nisa による）

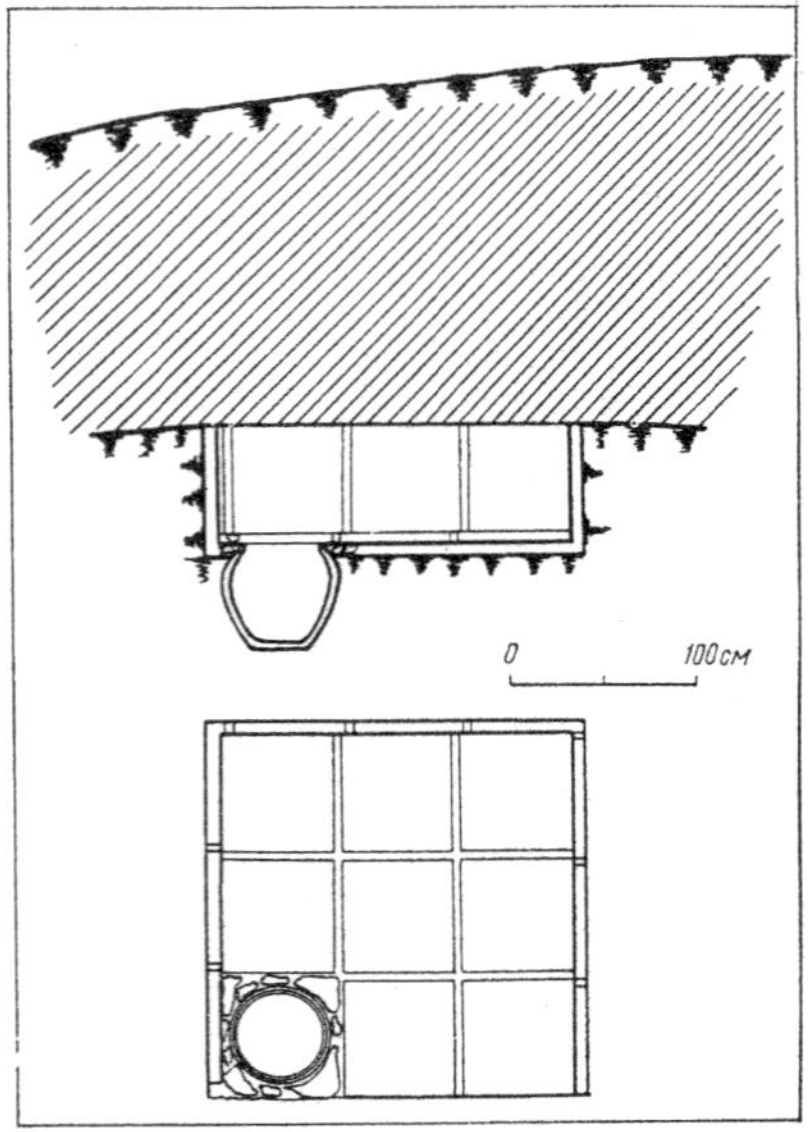

図39　ワインの醸造所（1～3世紀　ダリベルジン・テパ　G.A. Pugachenkova, E. V.Rtveladze,Dal'verzintepe-Kushanskij Gorod na juge Uzbekistana による）

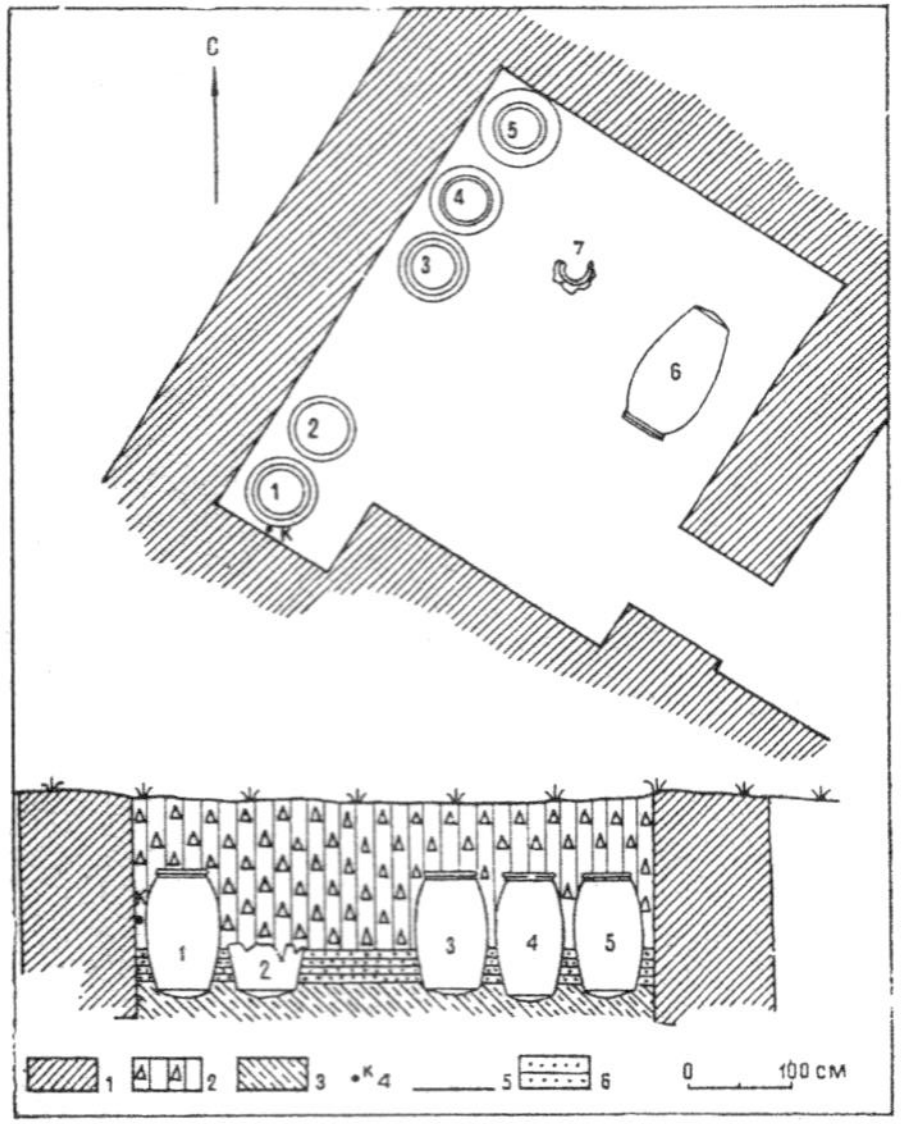

図40　ワインの貯蔵所（1～3世紀　ダリベルジン・テパ　G.A. Pugachenkova, E.V. Rtveladze, Dal'verzintepe-Kushanskij Gorod na juge Uzbekistana による）

首飾り、バックルなどの装飾品が壁の中から発掘された。おそらく、盗まれることを恐れて家宝を日干レンガの壁の中に隠したのであろう。また、城外にも果樹園、第一仏教寺院、墓地などの施設があったことが、判明している（G. A. Pugachenkova, *E. V. Rtveladze Dal'verzintepe-Kushanskij Gorod na juge Uzbekistana*, Tashkent)。G・A・プガチェンコーウァはこの都城址を『後漢書《ごかんじょ》』西域伝に記述されている大月氏《だいげっし》の王庭と解釈する、興味深い考察を発表しているが、その真偽はさだかではない。

　ワインの醸造所と貯蔵所はシャフリスタンの北東の居住区で発見された。醸造所は約三メートル四方を九つに区切ったようなもので、葡萄のジュースをしぼる部屋が設けられ、ただ一カ所だけ大甕が床の下に埋められていた。各部屋の床で搾った葡萄のジュースは、各部屋の隅にあいている穴から隅にしつらえた大甕に集められる仕組みとなっていた（図39）。ワイン貯蔵所の一部の部屋からは、大きな甕が一列に五個出土し、ほかに二個の大甕が同じ部屋の他の場所から発見されている（図40）。これらのワインの醸造所と貯蔵所はクシャーン朝時代の土器が出土している文化層に属するので、クシャーン朝時代のものとされている。ワインにする葡萄は、シャフリスタンの外にあった果樹園から採れた葡萄を用いて造っていた。G・A・プガチェンコーウァによれば、このようなクシャーン朝時代の醸造所や貯蔵所は、以上のほか、アフガニスタン北部のディリベルジン・テペ遺跡においても発見されているが、それはダリヴェルジン・テパ出土のものとほぼ同じ施設である。『漢書』西域伝には、大宛《だいえん》（フェルガーナ）では葡萄で酒を造り、裕福な人は貯蔵庫に保存していることが書かれているが、このような貯蔵所だったのではないだろうか。

ところで、クシャーン朝時代に建立されたガンダーラの仏教寺院を飾っていたピラスターには、葡萄の収穫図や葡萄の実を踏み潰しジュースにしている人がしばしば彫刻されている。たとえば、大英博物館にあるカフィールコートから出土した浮彫りには、貴族が饗《きょう》宴《えん》をしている様子が描かれている。これらの人々は各人がリュトンやカップ、ゴブレットなどの酒器をもち、一人の男がクラテールの中に皮袋からワインを注いでいる。この例が示すように、当時ワインを運ぶときには皮袋が使用されたのであろう。また、アフガニスタンのハッダから出土した「酒宴図浮彫《しゅえんずうきぼり》」には、葡萄の木の下でワインを飲んで酔っぱらった人々が描写されているが、この図柄はこの地域でワインを醸造していたことを示唆するものである。

ウズベキスタンの葡萄棚

一九九八年の夏、私はウズベキスタンを訪れた。ウズベキスタンでは夏になると哈密瓜《ハミうり》、水瓜《すいか》、無花果《いちじく》、葡萄などの果物が豊かに実る。首都のタシュケントなどの食料品のバザールでこれらの果物を台の上に山にして売っている光景は極めて感慨深い。これらの果物を逐一買って試食してみたが、甘くてとてもおいしかった。タシュケントの日中の温度は、摂氏四〇度くらいの暑さになり、この猛暑に慣れない者にとっては日向を歩くと頭がくらくらするほど日差しが強い。昼食に寄ったレストランの中庭では葡萄棚が心地よい日陰をつくり、おいしそうな葡萄がたくさんなっていた。暑い日差しを浴びながら歩いてきた者にとっては、葡萄の棚が作り出す日陰がなによりのご馳走であった。食事をしながら葡萄棚を下から見上げると、葡萄の葉や実がちょうど海獣葡萄鏡の文様のように絡み合っていた。この辺では、葡萄をワインの醸造のためではなく、生食用として栽培しているのだという。現在ではワインの醸造が古代や中世のように盛んではない。それは中世以降、イスラム教の禁酒の習慣が広まり、ワインの醸造が少なくなったためと考えられる。

中国の葡萄栽培とワインの醸造

亀茲の葡萄ジュース

貞観三年（六二九）長安を出発した玄奘三蔵《げんじようさんぞう》は、クチャ楽で名高いクチャ（亀茲国《キジールこく》）に到着した。クチャは今の新疆《しんきよう》ウイグル自治区西部にあり、黍《きび》や麦、粳米《うるちまい》、葡萄、柘榴《ざくろ》、梨、桃、杏《あんず》などの農産物を産し、鉱物資源にも富んだ国であった。玄奘三蔵はクチャの王都において、王や僧侶をはじめ多くの人々の熱烈な歓迎を受けた。そのときクチャの人々が法師に饗応したのが、蒲桃醤《ぶどうしよう》つまり葡萄ジュースであった（慧立・彦悰〈長澤和俊訳〉『玄奘三蔵――西域・インド紀行』桃源社）。法師は僧侶であるために訪れた寺々において葡萄ジュースで歓迎を受けたのであろうが、このころのクチャではワインを造っていた。クチャは風土も乾燥していて葡萄の栽培に適していた。『晋書《しんじょ》』呂光載記《ろこうさいき》には四世紀末のクチャの裕福な家にはワインがたくさんあったことが記述されている。葡萄の栽培とワインの醸造はクチャの主要な産業となっていて、六朝時代の中国に輸出されていたのである。

高昌の葡萄園契約文書

唐時代には高昌《こうしょう》でも西トルキスタンから移住した人々が住み、葡萄栽培がさかんに行われていた。高昌は現在の新疆ウイグル自治区トルファン県にあり、前漢時代より漢の屯田《とんでん》が設置され高昌城が築かれたところである。五世紀には、安周の兄弟による北涼《ほくりょう》の支配を経て、四九八年以後、麴嘉《きくか》による麴氏の高昌が約一四〇年間続き、その後唐、ウイグルなどの支配下にあった都城であった。一九六七年、高昌城の隣に位置するアスターナ古墓九三号墓から長安五年（七〇三）の年号が記された葡萄園の契約文書が出土したのである（新疆ウイグル自治区博物館編『新疆ウイグル自治区博物館』講談社）。この契約書は麴善通という葡萄園の持ち主から、ある人物が五年契約で葡萄園を借りる約束をしたものであった。ただ、葡萄を植えたばかりで、まだ葡萄の木が育っていなかったので、最初の年の貸借料は無料であった。次年度からの貸借料は銅銭四八文、三年目は六四〇文、四、五年目は八〇〇文と木が育つにつれて高くなっていく契約であった。このように高昌では葡萄園があってワインの醸造が行われていた。高昌から出土したマニ教の絵画には、葡萄をはじめさまざまな果物を供えている様子が描かれている。

この地域の葡萄の栽培は今も盛んで、良質の葡萄がたくさん採れ、とても甘いワインが醸造されたり、干し葡萄が生産されている。

珍しい植物―葡萄

中国では葡萄は漢時代より知られているが、西域から伝った最初のころはおそらく珍しい植物であったために、天子の庭で栽培されていたのであろう。南北朝時代になると、寺院や杜陵《とりよう》にも葡萄が栽培されていたが、一般の人々にはまだ珍しい植物であったろう。

ただ、この時代には西域から多くの人々が中国にやってきたので、そのような人々の間で葡萄栽培やワインの醸造が行われていたかもしれないが、多くは西域から彼らが皮袋に詰めて持ってきたものであろう。かつて北斉時代の首都であった河北省の彰徳府から出土した塼《せん》には（図41）、葡萄棚の下でリュトンや杯をかたむけている西域の人々が描かれていて、西域風の宴会が中国の内で行われていたことがわかる。中国の人々は西域で造られたワインも飲んでいたのであるが、葡萄栽培も行われていた。

前に述べた『洛陽《らくよう》伽藍記《がらんき》』白馬寺の葡萄の話は、まだ珍しい葡萄とその価値を示してい

図41　葡萄棚の下の饗宴（6世紀　河北省彰徳府出土　G. Scaglia, *Artibus Asiae*, vol.XXI による）

る記述である。このころの葡萄は、私たちがマンゴーやアボカド、パパイアなど、輸入された果物を珍重して食するに匹敵する、当時の中国人が憧れた外国産果実であったに違いない。その後、唐時代になると西域からの外国人の往来も増加し、葡萄は中国でも栽培され、ワインも造られるようになったが、中国で醸造されていたのはごく一部であって、多くは西域からの輸入品であったろう。また、西域諸国と中国の食生活の違いもあって、葡萄はワインとしてよりもむしろ、水菓子として食べるために栽培された。

以上のように、葡萄唐草文が東漸《とうぜん》した各地域には葡萄唐草文だけが伝わっていたのではなく、その背景に葡萄の栽培とワインの醸造がさかんに行われていた事実が存在した。これらの地域では葡萄の栽培とワインの醸造は各地域の経済の一部を担ってきたのである。人々は葡萄が実り、良いワインが採れるように、豊穣の神に祈りを捧げたのである。

ディオニュソスの信仰と大地豊穣

ディオニュソス神

大地の豊穣とディオニュソス神　葡萄唐草《ぶどうからくさ》に人物、動物が配置された文様の成立には、ディオニュソス神の存在があって、葡萄唐草文の中にその仲間のサチュロスやシレヌス、マイナスとともに一緒に描かれている。ディオニュソス神はローマではバッカス神とよばれ、酒の神としてよく知られているが、もとはトラキアやプリュギアで豊穣《ほうじょう》の神として祀られてきた神であった。ギリシア神話の中のディオニュソス神は、オリンポスの十二神の中には入っていないが、オリンポスの神として祀られていた神である。ディオニュソス神は、オリンポスの大神ゼウス神とテーバイのカドモス王の娘セメレーとの間に生まれた子供であり、その誕生の物語は豊穣の神であることを示している。

ゼウス神はセメレーの許にしばしば通ってきていた。セメレーが懐妊したことを知ると、ゼウス神の妻であるヘラ女神は嫉妬にかられ、セメレーの乳母に姿を変えて「ゼウスの本当の姿を見せてください」とお願いしなさいと入れ知恵した。セメレーは訪ねてきたゼウス神にそのことを頼むと、ゼウス神の本当の姿である雷に打たれセメレーは死んでしまった。ゼウス神は子供を取り出し、自分の臑《すね》に入れて縫い合わせ、月満ちるまで育て、生まれた子供をセメレーの姉のイーノーに育てさせたのである。イーノーはゼウスの子供のディオニュソスを大事に育てたが、ヘラ女神の迫害にあい自殺してしまった。ゼウス神は幼いディオニュソスをヘラ女神に見つからないように、成人するまでニューサ山のニンフによって養育させたのである（呉茂一『ギリシア神話』新潮社）。

ヴァチカン美術館にあるイタリアのヴルチから出土した白地赤像式萼形クラテール（紀元前五世紀）には、嫉妬深いヘラ女神の目から逃れるために、赤子のディオニュソスをシレヌスに届けるヘルメス神が描かれている。

このようにディオニュソスは一度母セメレーとともに死んで、再び生まれ変わった神であった。ディオニュソスの母のセメレーは「大地」を表していて、父は天界を支配するゼウス神であり、天と地の結びつきによってディオニュソスが生まれている。死と再生は植物の一年のサイクルを意味していて、春になると芽をだして秋になるとたくさんの実をつけ、冬になると枯死するのである。そして次の年の春に再び植物が蘇ることは、あたかも生命が復活したかのようにみえるであろう。ディオニュソス神は植物繁茂と再生の神であったが、後に葡萄栽培やワインの醸造と結びついて酒の神となっていったのである。ディオニュソスの祭りは春に三日間行われ、その日は前年に仕込んだ新酒をあける日でもあった。次の日は酒を振舞う日であり、三日目には死んだ人々の霊魂のために饗応が行われ、植物が再び秋に実るようにと死者の霊魂にご馳走を供える日でもあった。ディオニュソスの祭りの日には演劇が上演されたので、演劇の神にもなっているのである。

外来の神ディオニュソス

ディオニュソスはもともとギリシアの神ではなく、トラキアやプリュギアの神であって、本来は女性たちの乱舞を伴う宗教儀式であった。ディオニュソスの祭りの女性たちは常春藤《きづた》の冠をかぶり、松明《たいまつ》や頭に松ぼっくりをつけたテュルソスという杖を持って踊り狂い、野山を駆け巡り、野獣を捕まえて八つ裂きにして食べたのである。このようなマイナスという女性を描いたのが、アリストファネスの『ディオニュソスの狂女たち』である。この熱狂的な宗教儀式は生命力の象徴として行われるのであって、プリュギアのキュベレー女神の祭りが混入しているらしい。べルリン美術館所蔵のキュリックス杯にはテュルソスをもち、恍惚《こうこつ》となって髪を振り乱して踊り狂うマイナスの姿が描かれている。

キュベレー女神は小アジアを中心に崇拝された大地母神で豊穣と多産の女神である。また、戦い・山野の野獣の保護などを司る神とされていた。ギリシア神話ではディオニュソスもキュベレー女神の許を訪れたとされていて、植物の繁茂《はんも》と大地母神が結びついたものであろう。古代マケドニアの首都であったペラから出土した「豹《ひょう》に乗るディオニュソス」のモザイクは、女性と間違えるほど美しい青年のディオニュソスが手にテュルソスを持って豹に乗っているところを描いている（図42）。ディオニュソスはプリュギアやトラキアに行って、キュベレー女神から秘儀を伝授されたとされている。キュベレー女神は大地母神で戦いや山野の動物を保護する女神であるから、豹やライオンの引く戦車に乗った姿で表されている。豹に乗ったディオニュソスもキュベレー女神との関連からこのような姿で描かれるようになっていった。ディオニュソス神はその信仰を普及するために、ギリシア各地を布教していた。ギリシアには海からアッティカのイーカリアに入って、葡萄の栽培やワインの醸造を教えたことになっている。ディオニュソスの教えを受け入れなかった町では、女性たちを狂わせ、山野をかけめぐらせる神罰を与えたとされている。さらに信仰を布教するために東方（インド）に遠征した神でもあった。

紀元前四世紀マケドニアのアレクサンダー大王はディオニュソスの故事にならってインドまで遠征しようとしたといわれる。ディオニュソスは豹、ライオン、虎など猛獣を従えて、サチュロス、シレヌス、パン、マイナスなどの仲間とともに遠征から凱旋しているのである。チュニジアのスース博物館にある「ディオニュソスの凱旋」はまさにそうした姿を描いた図像である。「ディオニュソスの凱旋」に描かれたような虎はアフリカには生息していない動物である。当時虎が生息していたのはコーカサス地方、イラン北部、中央アジアやシベリア、インド、東南アジアであるから、一番近いコーカサス地方ないしイラン北部、あるいはインドから運ばれた虎を描いたものであろう。

また、絵画の題材としてよく描かれるミノス王の娘アリアドネーとディオニュソスの結婚の物語も、ディオニュソスがナクソス島に立ち寄った時にアリアドネーを見初めて、レームノス島にさらっていった顛末を述べている。ディオニュソスは春になると海から波に乗って来訪するといわれている。この物語は、トラキアやプリュギアの神であるディオニュソスが海を通してギリシアに流入したことを意味しているといえよう。ディオニュソスの信仰は紀元前五世紀にはギリシア、イタリア、小アジアなど各地で盛んになった。

図42　豹にのるディオニュソス（B.C 4世紀　ペラ出土
M. Andoronicos, Musée de Thessalonique による）

習合するディオニュソス

ディオニュソス神はギリシアやローマだけでなく、エジプトやシリアをさまよってキュベレー女神のところに行き、トラキアにも旅したことになっている。ディオニュソス神の崇拝がギリシアの諸都市の土着信仰と習合して、ペルセポネーやハーデースなどの冥界《めいかい》の神々ともまじりあって、あの世の幸福と結びつけているのである〈アンリ・ジャンメール〈小林真紀子ほか訳〉『ディオニューソス』言叢社〉。エジプトに着いたディオニュソスはオシリス神と習合している。オシリス神は穀物の豊穣を司る神で、死と再生の神であった。古代の人々には春から夏になると植物が繁茂し、冬になると枯れて、春に再び生まれ変わる自然の動きを死と再生と考えていた。エジプトの国王は死ぬとオシリス神になると信じられていた。ヘロドトスは「エジプト人のいうところでは地下界を支配するのはデメテルとディオニュソスの二神である」と述べているが、デメテルはイシスで、ディオニュソスはオシリスのことである。イシスは豊穣の神であった。また、「オシリスはギリシア名でいえばディオニュソスである」とも記述している〈ヘロドトス〈松平千秋訳〉『歴史』第二巻一二三、一四四、岩波文庫〉。エジプトの神話では、イシス神は夫のオシリスが兄のセト神〈暴風雨の神〉によって殺された時、黄泉《よみ》の国から復活させた女神であった。イシス神もオシリス神も植物の豊穣を司る神であり、春になると植物を復活させる神であったから、ギリシアから伝わった同じ植物の繁茂を司るディオニュソス神と習合したのであった。

酒の神ディオニュソス

ディオニュソスは植物の繁茂を司る豊穣の神であったから、葡萄の栽培とワインの醸造がさかんになるとこれらと結びついて、酒の神とされた。古代ギリシアではディオニュソスの祭りに前の年に仕込んだ新酒をあけて、神に供えて人々もそれを味わう日でもあった。だから人々は新酒の解禁と同時にお祭り騒ぎが許されて、ワインの味に酔いしれたのである。それは収穫の祭りというよりむしろ、植物の復活するための祭りであり、葡萄がワインに生まれ変わる祭りであった。先に述べたルーブル美術館蔵品の「黒絵式キュリックス」には、葡萄の木に巣籠りの小鳥、蛇、蝗《いなご》など、植物が芽を吹き、春に生物が活動することを表しているのである。また、ギリシア陶器にはディオニュソスの仲間であるシレヌスやサチュロスが、葡萄の木の下で実を収穫し、ジュースを搾っている図が頻繁に描かれている。この図柄はローマ時代になると、アレクサンドリアのローマ美術館に収蔵されている銀製の杯のように、葡萄唐草文の中で美青年のディオニュソスがリュトンを持って座り、そのまわりで童子が葡萄を収穫し、ジュースを搾っている光景にとって代えられた。それは新しく醸造されたワインに対する賛歌ともいうべき光景である。この葡萄収穫とワインの醸造の図柄は大理石製石棺《せっかん》にも用いられた。ローマのサン・ロレンツォ・フォリ・ムーラ聖堂やギリシアのテッサロニキ博物館にあるアッティカ式の石棺には、大きな房の葡萄の実を収穫する童子たち、鳥や小動物が彫刻されているのである。また、メトロポリタン美術館収蔵の「バッカスと四季の擬人像」を描写した石棺には、中央にバッカスを配し、その左右に春夏秋冬の擬人像がその時期の収穫物をもって配置されている。たくさんの葡萄の木があったり、四季それぞれに実り豊かで、しかも甘くておいしいワインが醸造されるところこそ、古代の人々が頭に描いた楽園の世界であった。このような文様は石棺に埋葬された人々の楽園への再生する切実な願いを、石棺に彫りこんだものと推測される。

各地域のディオニュソス像

パルミラのディオニュソス像

ディオニュソスの図像は大地の豊穣や楽園を表していたから、ギリシアやエジプト、小アジア以外の各地においても用いられるようになった。ギリシアの著述家の著書には、その他の地域でもディオニュソスの祭りと同じことが行われていたことが記されているし、また、J・G・フレイザーの『金枝篇《きんしへん》』によれば近代においてもこのような祭りが各地域で行われていたという（フレイザー〔永橋卓介訳〕『金枝篇』岩波文庫）。ディオニュソスの祭りは植物が春になると大地に再び復活するのを祝祭するのであるから、各地域にも類似の祭りが行われていたことは容易に推定することができよう。各地域のこのような祭りを造形化するのに、すでに存在していたディオニュソス祭の図像が借用されたのである。以下において各地域にみられるディオニュソスの図像を若干挙げてみよう。

シリア砂漠の隊商都市パルミラではベール神殿の入口の装飾や地下室墓などに葡萄の彫刻が彫られている。パルミラのベール神殿では、宇宙神ベールを中心に、太陽神ヤヒルボール、月神アグリボールをベール三神として祀っている。もとはこの地域の収穫神ボールの崇拝が盛んであったが、バビロンやギリシアなどの思想を取り入れてベール神が生まれ、ベール三神を崇拝するようになったようである（小玉新次郎『パルミラ――隊商都市』近藤出版社）。おそらく、ここでも植物の繁茂を司るディオニュソスと収穫神としてのベール神が結びついたのであろう。パルミラではオアシスの水を利用して、葡萄の栽培が行われていたので、葡萄の収穫をベール神に祈ったのかもしれない。ベール神殿の司祭が発行した粘土札には、葡萄の木や実とディオニュソス神が浮彫りされたものがある。

中央アジアのディオニュソス像

トルクメニスタンにあったパルティアの都旧ニサの宝物庫より、大量の象牙製のリュトンが出土したことは、すでに葡萄唐草文のところで取り上げた。このリュトンの彫刻はヘレニズム的なものと中央アジア的なものがミックスされていて、なかには葡萄唐草の下にディオニュソス祭の図像が彫刻されたものもあった。パルティアの都旧ニサでは、ゾロアスター教が信仰されていたが、ゾロアスター教の神と異国の神々の像を同一視することが行われていた。旧ニサでは葡萄の栽培とワインの醸造に関する陶片文書が出土していて、葡萄の栽培とワインの醸造が盛んに行われていたから、この土地の代表的な祭事を造形化するため、類似の意味を持つディオニュソス祭の図像が利用されたのであろう。

一方、一九七七年にアフガニスタンの北部ティリャ・テペにおいて、バクトリアの貴族の墓が六基発掘された。ティリャ・テペ第六号墓から、ライオンに乗ったディオニュソスとアリアドネーの金製飾り板が見つかっている。飾り板が出土した第六号墓は出土遺物が一番多く、金冠や豪華な首飾りなどの装飾品をつけ、副葬品に武器がなく化粧道具や王笏を持つ女性が葬られていたので、これは社会的に地位の高い女性の墓であると考えられた。ディオニュソスとアリアドネーの聖婚を表すこの飾り板は、ライオンに乗った二神を勝利のニケが祝福し、ライオンの足下でシレヌスがリュトンを差し出しているものである。この作品は主題・様式ともヘレニズム風であるので、これはギリシア的なモティーフをバクトリア風にアレンジしたものといえよう。ここでは明らかにディオニュソス的な観念と土着のディオニュソス的な信仰が融合して、このように造形化されたのであろう（V・I・

サリアニディ〔加藤九祚訳〕『シルクロードの黄金遺宝』岩波書店)。

ガンダーラのディオニュソス的図像

ガンダーラの仏教寺院を装飾するピラスターには、インドの生産力と財宝の神クベーラの両手から葡萄が生えている図像がみられる。クベーラはヤクシャの大将として、生産力と財宝を司る神であり、ヤクシニーとともに表されている。さらに古くは大地母神的な性格を持っていて、ヤクシャとともにヤクシニーは樹木の精霊であり、僧院の入り口の樹木の下に彫刻されている。ヤクシニーとともにストゥーパや僧院の入り口の樹木の下に彫刻されている。やがてクベーラやヤクシニーは民間信仰の中で守護神として祀られるようになり、ストゥーパや僧院の入り口に彫られるようになっていった。クベーラは生産力の神あるいは守護神として、ディオニュソスと同じように葡萄の木を持つ図像で表されているのである。クベーラと葡萄唐草文を表した図像は、エフタルの銀器の中にも用いられている。大英博物館所蔵の銀鍍金酒宴図皿《ぎんときんしゆえんずさら》(前掲図30)には中央にリュトンを持ったクベーラとヤクシニーが座り、その周りを葡萄唐草文が取り巻いている。この銀皿は五〜六世紀に中央アジアと北インドを支配していたエフタル族によって作られたものであって、クベーラとヤクシニーが豊穣の神として葡萄唐草文とともに表されている。ディオニュソスの図像は土着の宗教の豊穣神にとって代わって表現されるのであった。一方、クベーラは仏教において北の守護神としてとり入れられたが、ガンダーラではクシャーン系の豊穣の神ファッローと習合して毘沙門天《びしゃもんてん》となった（田辺勝美『毘沙門天像の誕生』吉川弘文館）。

中国に入ったディオニュソス図像

ディオニュソスの図像は中国の新疆《しんきょう》ウイグル自治区のホータンにおいても出土している。大谷探検隊がホータンにおいて採集した陶器片には、葡萄の実と葉を配置した下にハープを弾いたり、パンの笛を吹いているディオニュソス祭の楽人たちを貼り付けた壺の断片がある。これもおそらく土着の豊穣の祭りとディオニュソスの観念が融合したもので、葡萄栽培とワインの醸造がこの地域においても行われていたからであろう。おそらく、この断片は、この地域で造られる美味しいワインをかつて満たした壺の一部であろう。

図43　青釉鳳頭龍柄壺（7～9世紀　故宮博物院蔵　張臨生、楊新編『国宝薈萃』による）

また、故宮博物院に収蔵されている

青釉《せいゆう》鳳頭《ほうとう》龍《りゅう》柄壺《へいこ》（唐時代）は（図43）、おそらく西域の銀器を写したであろう器形に、龍形の把手や鳳凰の頭の蓋を付加した壺である。胴部にはメダイヨンの中に老人のディオニュソスあるいはクベーラが葡萄を持った姿で表されている。ディオニュソスの足下には酒を入れたであろう長い首の壺が転がっている。中国ではディオニュソスが太った老人の姿で表されているので、中国人学者は踊っている力士と解釈しているが、筆者はそうではなく葡萄を持って酔っぱらったディオニュソスを表していると思う。なぜならば、ギリシア、ローマの美術ではディオニュソスは幼児、美しい青年、酔っぱらった老人などの姿で表されるから、メダイヨンの中の人物は踊っている力士ではなく、葡萄を持ち酔っぱらったディオニュソスにほかならないからである。この壺の文様は全体に西方の文様を写しているので、メダイヨンの中の図像はディオニュソスの祭りの図像をそのまま借用したものであろう。

西方の動物から海獣葡萄鏡の動物へ

地中海沿岸地域における葡萄唐草文の中の動物たち

葡萄唐草文の中の動物たち

葡萄唐草文の中に取り込まれた動物は、西方と中国で種類が異なっているように、地域・時代により違いがある。地中海沿岸地域にみる葡萄唐草文の図像を例に、その中に挿入された動物、鳥がどのような種類なのか、あるいは時代を追ってみるとどのように変化するのであろうか考察してみたい。

ギリシアでは鳥、蜂、蝗《いなご》、蛇がディオニュソスとともに古典期の陶器画に描かれている。それらの動物や鳥の文様は時代が下り一世紀から三世紀ごろになると、鳥、孔雀、蜂、蝗、蝶、蝸牛《かたつむり》、蛇、ライオンなど、挿入される動物の種類が多くなっている。ローマにあるサン・ロレンツォ・フォリ・ムーラ聖堂のアッティカ式の石棺には、葡萄収穫の童子とともに孔雀、小鳥、蛇、蝸牛、蝗、蜥蜴《とかげ》、ライオンが配置されている。また、アンティオキアから出土したパリスの審判を描いたモザイク画の縁どりには、孔雀、小鳥、蝗、蝶、蜥蜴が葡萄唐草文の中に描かれている。地中海沿岸で制作されバクトリアから中国甘粛省靖遠に運ばれた銀器にも同様な動物が描写されている。

五世紀になると、メトロポリタン美術館に所蔵されているアンティオキアの聖杯のように、キリストの主徒とともに鳥、蝸牛、兎、蝗が入っている。さらに八世紀初期イスラムのムシャッタ宮殿の外壁には、孔雀、小鳥のほかにグリフォンやペガサス、兎、蜥蜴が挿入されていて、地域・時代とともに動物や鳥の種類も変化していることが明らかである。

では、このような動物と鳥たちは葡萄唐草文とともに、何を意味しているのであろうか。

動物は何を意味しているか

①蜂　蜜蜂は巣にせっせと花の蜜を運び、それによって美味しい蜂蜜が取れることにもなるが、蜜蜂の行動自体は勤勉を表している。蜂蜜は果物以外に甘い物が少ない古代の人々にとって、貴重な食べ物であった。二世紀後半に『ギリシア案内記』を書いたパウサニアスは、アッティカのヒュメトス山には蜂蜜に絶好の草があり、アラゾネス族が養蜂を行っていることを記述している。蜜蜂の世界は女王蜂を中心にした社会を

形成しているので、蜜蜂の像は秩序の象徴とも見なされている。蜜蜂は冬になるといなくなり、春になると再び活動を始めるので、蜜蜂は冬に死んで春に復活すると信じられ、デメテル女神やキュベレー女神などと結びつけられている。また、蜜蜂は鳥のように羽があるので、ギリシアでは人間の魂をあの世に運ぶことができると信じられていた。

②蝗《いなご》　蝗は大量に発生するときは、大空を雲のように覆い、アフリカから地中海を越えてきて農作物を食べ尽くし被害を及ぼす。このようなアフリカの蝗とギリシアにいる蝗は異なった種類のものと考えられていた。

大プリニウスは『博物誌』に「飛んでいる時の羽の音がひどいので、鳥にちがいないと思われた」としている（中野定雄ほか訳『プリニウスの博物誌』雄山閣）。また、蝗は秋になると卵を地中に産みつけて、春になると小さな蝗がかえることが再生と信じられていた。

③小鳥　小鳥は羽を持っていて飛ぶことができるので、人間の魂をあの世に運ぶことができると、思われていた。

④孔雀　孔雀は美しい羽を持っているので、富者や栄華、王族を表している。また、平和の鳥と見なされた。孔雀が葡萄の実をついばんでいるところや聖杯から葡萄酒を飲んでいるところは楽園における死者の魂の不滅を表している。

⑤兎　兎は繁殖力が強いために豊穣・多産の象徴として表されたが、反対に淫らな意味ももっている。穴に住むので穴居動物として、冥界と関係が深いといわれている。

⑥蝸牛《かたつむり》　蝸牛は秋になると、土を掘って冬眠し、春から夏にかけて殻の上部を地上に出して産卵する。つまり春から秋にかけて活動し、冬になると活動を停止するので再生する動物であると信じられていた。

⑦蝶　蝶もさなぎで越冬し、春になると活動を始めるので、再生を表している。また、羽を持っているので、人間の魂をあの世に持っていってくれると思われていた。

⑧蛇　蛇は宇宙の力を表し、最も霊的な動物とされていた。そして、脱皮を繰り返すので、長寿や再生の象徴とされている。メソポタミアの『ギルガメッシュの神話』には、ギルガメッシュがやっと手に入れた不死を得る植物を、泉で水を飲んでいる最中に蛇が食べてしまったので、脱皮することができるようになったとされている。ローマ時代の庭園を描いた壁画には、蛇が大地を象徴するものとして描かれている。また、エデンの園でアダムとイブをそそのかしたのは蛇であったから、邪悪の意味も持っている。

⑨蜥蜴《とかげ》　蜥蜴は足の生えた蛇と考えられていた。冬は岩陰で越冬し、春になると動き出すので、再生するものと信じられていた。

⑩蠍《さそり》　蠍は湿ったところにいるので、水（冥界）と関連があると考えられていた。

⑪グリフォン　グリフォンは空想上の動物で、強い動物であるライオンや鷲《わし》を一つの獣に合成したものである。身体はライオンで、頭が鷲で鋭い嘴《くちばし》や大きな羽を持っているものと、頭も身体もライオンであるが、大きな羽を持っているものの二種類があり、前者を鷲グリフォン、後者をライオン・グリフォンとよんでいる。また、パウサニアスは「グリフォンは獅子に似た獣だが、鷲の翼と嘴を持つという」と記している（パウサニアス〔馬場恵二訳〕『ギリシア案内記』岩波文庫）。林俊雄氏によると、グリフォンは紀元前三〇〇〇年ごろからグリフォンの原型と思われる合成獣が出現するという。その役割は守護獣、神の乗り物、神＝王の儀礼的な狩猟の対象である（林俊雄「シルクロード翔けるグリフォン」『清泉文苑』第一二号）。

春の祭りから楽園の図像へ

葡萄唐草文に入っている動物を挙げてみたが、これらの動物の多くは春とともに活動を開始し、秋になると卵を産みつけて死んでしまうもの、あるいは秋から冬に冬眠をするもの、脱皮するもの、繁殖力が強いものなどである。葡萄の木は春とともに芽を出し、秋に実を収穫すると葉が落ちて冬を迎えるというパターンを繰り返すから、これらの動物と似ている。ギリシアの陶器画に描かれた動物は蛇、蝗、鳥などで人々の身近にいる動物であって、この動物たちが行動を始める時期と葡萄の木が芽を出す時期が同じである。ギリシアの人々は、ディオニュソス神とこれらの動物を一緒に描いている。これはディオニュソス神が春になると再生する神であって、その祭りは動植物が復活することを喜ぶ祭りであるから、春から夏にかけて活動する動物をこの神とともに入れたのではないだろうか。

葡萄唐草文とディオニュソス神、動物の図像は、時代が下るとさらに楽園の象徴としての孔雀や冥界を表す蜥蜴や蠍が加わり、楽園の図像へと変わっていく。ローマの大理石製石棺に彫刻された葡萄唐草文とディオニュソス、動物の図像は、葬られた人のあの世での楽園の生活を表しているのである。このような図像はキリスト教の人々の石棺や墓室にも描かれていった。葡萄の木はキリストを表し、それから造られたワインはキリストの血を表しているとされている。

一方、ムシャッタ宮殿の外壁のようにグリフォンや山羊、ペガサスなどが配置されているものもあるが、このタイプはビザンチン文化の影響を受けている。しかし、葡萄の木は生命の木であって、グリフォンや山羊、ペガサスなどがいる世界はイスラムの楽園を表現しているものである。

西アジア・中央アジアにおける葡萄唐草文の中の動物たち

西アジアと中央アジアの動物たち

西アジアでは葡萄唐草文《ぶどうからくさもん》とともに牡羊、鳥、孔雀、ライオンが挿入されている。中央アジアでは孔雀、鳥、鹿、ジャッカルなどが描かれている。西アジアにおける羊は遊牧を行う人々にとって財産や富者を象徴している。初期王朝時代より粘土版に書かれた経済文書には、羊の取引に関することが多く記述されていて、羊が生きている財産であったことを示している。

また、イラン系の民族にとっては牡羊がフウァルナー（正当な王位）の化身とされていた。ササン朝ペルシアでは牡羊の首にリボン・ディアデムを巻きつけた姿で表された。このような牡羊はササン朝ペルシアの織物、銀器、ストゥコの壁面タイルなどの装飾文として愛用された。ウズベキスタンのサマルカンドにあったソグド人の都市アフラシアブ遺跡（七〜八世紀）から出土した壁画には、リボン・ディアデムをつけた牡羊が描かれている。

鳥、孔雀は地中海沿岸の地域と同じように羽を持っていて飛ぶことができるので、死者の魂をあの世に運んでくれると信じられていた。孔雀は楽園における永遠不滅の観念を表している。ガンダーラの仏教寺院の入り口の柱には鳥や孔雀を装飾している。これらの鳥はササン朝ペルシアの銀皿には、ダエーナーあるいはいわゆるアナーヒター女神とともに楽園の図像として描かれている。また、ササン朝ペルシアではスィーモルグという想像上の霊鳥がしばしば描かれていて、この霊鳥の尾が孔雀の羽なのである。スィーモルグの全体像は猛禽を表しているが、頭が強い動物の象徴である獅子であり、尾には孔雀の羽がつけられている。スィーモルグはササン朝ペルシアの王の守護鳥として、王の衣装や銀器などに表された。

ライオンは現在、西アジアには生息していないが、かつてはペルシア・ライオンが生息していた。西アジアではニネヴェやニムルドから出土したアッシリア王によるライオン狩りの浮彫りや、ササン朝ペルシアの銀器に描かれた狩猟文などが示すように、強い獣の代表として、王の狩猟の対象とされていた。一方、ライオンは豊穣、戦勝の女神であるナナイア女神の従僕として、女神を背に乗せた姿でも表されている。ナナイア女神はナナー、パルティア時代にアナーヒター女神と習合して、イラン系民族の文化圏で同一視された。ナナイア女神は中央アジア（クシャン朝版図）にも伝わりナナー、ナナシャオともよばれた。バクトリアではライオンが一頭とナナイアというギリシア文字銘とともに刻印された貨幣が発行されている（サパドビゼス王の銀貨）。クシャーン朝においてもカニシュカ一世やフヴィシカ王の発行した貨幣にナナイア、ナナー女神が刻印されている（古代オリエント博物館『平山郁夫コレクション、シルクロード・コイン美術展』図録）。また、タジキスタンのカライ・カフカハ遺跡（七〜八世紀）からは、ライオンに乗ったナナー女神を描いた美しい壁画が出土している。

一方、ライオンは王や王妃の玉座の脚にも用いられている。六世紀にエフタル族の王宮を訪れた宋雲は王妃の玉座を「王妃が外出するときは輿を用い、室内に入れば黄金製の椅子に座っている。その椅子には六牙の白象と四匹の獅子がかたどられている」と記録している（長沢和俊訳『法顕伝・宋雲行紀』東洋文庫、平凡社）。このようにライオンは神や王の守護をするものとして、用いられていた。

鹿の図像は狩猟の対象として、西アジアや中央アジアで新石器時代から彩文土器に描かれてきた。牡鹿の成獣の角は春になると生え始め、秋になると落ちるので、これが太陽の一年間の運行と同じくするので、生命力のある動物と信じられてきた。黒海沿岸のステップ地帯に住んでいたスキタイ人は、鹿を盾やバックルの文様に使用していた。カザフスタンの首都アルマトイ付近のカルガルィ渓谷で一九三九年、偶然発見された金製のディアデム（冠）（紀元前一〜後一世紀）は、グリフォンに乗る人、鳥、鹿などが一緒に描写されている。鹿あるいは鹿の角がディアデムの構成要素として用いられるのは、ステップ地帯から朝鮮半島までの広い地域に及んでいる。ササン朝ペルシアでは銀器の図像として鹿が単独で描かれたり、王侯の狩猟図としても描かれている。ソグドの銀器には女神と鹿が描かれた皿がある。鹿は生命力のある動物として再生の象徴であり、最も身近な狩の獲物としても描かれたのである。

海獣葡萄鏡の動物たち

海獣葡萄鏡《かいじゅうぶどうきょう》の内区に挿入されている動物は獅子《しし》、麒麟《きりん》、天馬、孔雀《くじゃく》などである。唐初に出現する海獣葡萄鏡の内区の動物は、葡萄唐草文と獅子だけで構成されていて、他の動物が入っていない。しかし、時代が下るにつれてさまざまな動物や鳥が挿入されるようになった。

内区の動物たち

獅子すなわちライオンはもともと中国には生息していない動物である。海獣葡萄鏡の制作された時代には西域諸国から中国の皇帝に献上されていた。現在、ライオンはアフリカが主な生息地であるが、当時は西アジアからインドにかけてペルシア・ライオンやインド・ライオンが生息していた。現在この地域のライオンは絶滅状態にあり、インド・ライオンのみがインド南端のカチアール半島にあるギリ国立公園の保護区に三〇〇頭前後生息しているにすぎない（G. Cubitt, G. Mountfort, *Wild India, The Wildlife and Scenery of India and Nepal*）。『冊府元亀《さつぷげんき》』外臣部 朝貢篇《ちようこうへん》によれば、西域諸国から中国の皇帝に献上された獅子は安息《あんそく》国（アルサケス朝パルティア）から永平一三年（七〇）、章和二年（八八）、月氏《げつし》国（クシャーン）から章和元年（八七）、疏勒《そろく》国（カシュガル）から陽嘉二年（一三三）と漢時代に四回にわたり贈られている。南北朝時代には四回、唐時代に入ってからは太宗貞観九年（六三五）、高宗顕慶二年（六五七）、玄宗開元七年（七一九）・一〇年（七二二）・一五年（七二七）・一七年（七二九）、天宝六年（七四七）など前時代より多くなっている。西域との往来が頻繁になる盛唐時代には、豹を開元八年（七二〇）・一四年（七二六）・一五年（七二七）、天宝六年（七四七）と贈っているので、この時期には獅子と豹（狩猟用のチータ）がほぼ毎年のように唐の皇帝に贈られていたことがわかる。

一方、獅子の図像は四川省渠県にある沈府君石闕《せつけつ》や洛陽出土画像塼《せん》など後漢時代よりみられ、西域諸国から獅子が献上された時期とほぼ一致している。南北朝になると、仏教が盛んになり仏像が多く作られるが、獅子は仏像の両脇を守る聖獣として用いられている。また、梁蕭景墓《りようしようけいぼ》の墓前に立てられた石像の獅子は、王の墓を守護する聖獣として扱われているのである。

孔雀はインドが原産の鳥であって、中国へいつごろから入ってきたか定かではないが、四神の一つである鳳凰の羽を長くして孔雀のように描いているものがあるから、かなり早く中国にもたらされたものであろう。『史記』司馬相如列伝の中には漢武帝の上林苑《じょうりんえん》のことが詠われているが、その中には孔雀などの鳥が飼われていることが記されている。孔雀はその美しい羽毛が祥瑞《しょうずい》とされて、漢時代には麒麟とともに吉祥の観念を表象するものとされた。河北省定州市三盤山一二二号漢墓から出土した金銀玉象嵌筒形金具《きんぎんぎょくぞうがんつつがたかなぐ》や東京芸術大学所蔵の金銀象嵌筒形金具《きんぎんぞうがんつつがたかなぐ》に表わされた図像（後漢時代）には、山岳文の中に美しい羽を大きく広げた孔雀が描かれている。筒形金具の図像は四段に区切られ、山岳文の中に鳥、鹿、熊、駱駝《らくだ》と虎を狩猟する騎馬人物、孔雀などが躍動している図が各段に表されている。この図像は博山炉と同じ山岳文であって、仙人のいる仙界を表現したもので、その中に孔雀が用いられているのである。

孔雀はインドにおいて雨をもたらす鳥である。サーンチー第一塔の北門（紀元前一世紀）やバールフットの欄楯《らんじゅん》（玉垣）（紀元前二世紀）の彫刻にも孔雀が表されている。唐時代に著された段成式《だんせいしき》の『酉陽雑俎《ゆうようざつそ》』には「仏教の経典によると、孔雀は雷の音で、孕《はら》む」と記述されている（今村与志雄訳）。雷は雨をもたらすものであるから、この記述はインドから仏教を通して入ってきたものであろう。雲崗石窟《うんこうせっくつ》の第一〇窟拱門《きようもん》の彫刻には葡萄唐草文の中に鳥が彫られているが、その中に頭に冠羽をかぶり、尾が長い鳥がいるから孔雀を表したものであろう。この時代には孔雀が吉祥をもたらす鳥として、用いられているのである。

また、一九七六年大同市の北二五粁、西寺児梁山の南部から北魏文明太皇太后馮氏《ふうし》の永固陵が発掘された。馮氏の陵墓《りようぼ》は太和五年（四八一）に造営を開始し、八年後の太和一四年（四九〇）に埋葬された寿陵であった。墓室は塼で構築され、封土の中心に位置していた。墓室と甬道《ようどう》の両端には石門があって、左右に蓮華の花を持った童子の浮彫りと、その下には宝珠をくわえた孔雀の彫刻があった。馮氏の陵墓は仏教的な色彩が強く、墓地と寺院を結合したものであったから、孔雀がいる場所が仏教の楽園極楽である仏国土であることを表しているのであろう。

天馬（ペガサス）はまったく想像上の動物であって、西域から中国に入ってきたものの一つである。天馬は西アジアにおいて紀元前一〇〜九世紀のシアルク墓地Bから出土した彩文土器に描かれている。西アジアでは太陽神が天空を駆け巡る馬車を引く馬として太陽神と結びついて、死者の魂をあの世に運ぶ動物として描かれている。中国でも西アジアと同様な意味があって後漢時代の塼に鳳凰とともに用いられている。一九六六年、陝西省咸《かん》陽《よう》市《し》新庄にある漢の元帝墓の付近より出土した飛馬に乗る羽人は、翼を線刻された天馬にまたがった羽人を玉に彫ったものであった。天馬の足は流雲を踏み、天空に遊んでいる羽人「羽化登仙《うかとうせん》」を表したものであった。この天馬と羽人は、中央アジアのカルガルィより出土した金製の冠に用いられていたものと同じものである。

中国では漢武帝の時、匈奴《きょうど》を撃つために月氏へ張騫《ちょうけん》を使者として派遣した。彼は匈奴に捕らえられたが、月氏に到達し、一三年後帰国した。ただ、月氏はすでに平安に暮らしていたので、匈奴を撃つ気がなくなっていた。しかしこの遠征で大宛《だいえん》（フェルガーナ）には血の汗を流す汗血馬がいて、この馬の先祖が天馬であるという情報を武帝は得るにいたったのである。そして武帝の寵姫《ちょうき》の弟である李広利《りこうり》将軍を大宛に遠征させて、汗血馬三〇〇〇匹を獲得したのである。漢時代には大宛よりもたらされた汗血馬を天馬と称していたことが明らかである。

また、甘粛省武威雷台《ぶいらいだい》の後漢時代の墓から出土した飛燕《ひえん》を踏む馬は、長い尾をなびかせて疾走し、飛んでいる燕を踏んでいる馬の姿を青銅で作ったものであって、馬が燕より早く走っていることを表している。このような馬の表現は、漢の支配者が天空を駆けめぐるように速く走る駿馬《しゅんめ》を求めていたことを示唆している。

唐時代になると、高宗と則天武后《そくてんぶこう》の墓である乾陵《けんりょう》の参道の左右には、石彫の駝鳥《だちょう》を表した朱雀《すざく》や武人、文官などとともに背中に羽が生えている天馬が並んでいる（図44）。唐時代の皇帝陵参道には乾陵と同様な天馬が配置され、墓を護る聖獣としての天馬が通常見られるのである。

そのほかに海獣葡萄鏡の内区に入っている動物は、頭に一角の角を生やした麒麟である。麒麟は私たちが動物園でみるキリンではなく、これも中国の想像上の動物である。中国では天子が良い政治を行うと必ず瑞兆《ずいちょう》があって、鳳凰や麒麟などが現れたといわれている。班固《はんこ》の『漢書』東方朔伝《とうほうさくでん》には「国には災害を起こす異変がなく、民には飢え凍えた顔色を見えぬ。家々人々満ち足りて、十二分の蓄積があり、牢獄は空になる。鳳凰は舞い下り、麒麟は郊外に現れる。空からは甘露が降って、朱草が芽をだす」（本田済訳『漢書』平凡社）とあり、天子が政治を正したときにこれらの瑞兆が現れたことを賦《ふ》している。また、『淮南子《えなんじ》』本経訓にも同様なことが記されているが、末世になると、鳳凰や麒麟は現れないし、万物はたち枯れることを述べているのである。麒麟は身体が鹿で、頭に角が一つあるといわれていて、河南省偃師市寇店公社李家村《えんしこうてんこうしゃりかそん》から出土した鍍金麒麟《ときんきりん》はまさにこれを造形に表したものである。李家村の窖蔵《こうぞう》から鍍金青銅酒樽《ときんせいどうしゅそん》が発見され、その中にこの小さな鍍金製の天馬一頭と麒麟二頭が入っていた。麒麟と天馬の瑞獣を何に用いたのであろうか。それは謎であるけれど、漢時代の人々がこれらの動物が吉祥をもたらすと考えていたことは確かである。

麒麟は雲崗石窟第一〇窟拱門《きょうもん》の葡萄唐草文の中にも鳥とともに表されている。雲崗石窟第一〇窟拱門の葡萄唐草文と鳥、麒麟は仏国土に入る入口に彫刻されたもので、仏国土すなわち仏教の楽園極楽を表すものであった。また、寧夏回族自治区固原県で発掘された北魏時代の墓から出土した漆棺にも、西王母と東王公の図像の下に人面鳥身の仙人や鳥、龍、麒麟などが描かれている。この漆棺には葡萄唐草文や網目のように縦に繋がる唐草文が描かれていて、半パルメットの上に乗ったこのような動物や仙人は神仙世界、すなわち楽園を表したものであろう。

外区の動物たち

外区の動物は鳥、蝶、蜂、蜻蛉《とんぼ》などの小動物と想像上の怪魚マカラに内区と同じように獅子や麒麟、孔雀などを組み合わせたものが用いられている。獅子や麒麟・孔雀などの内区と同じ動物は内区のところで述べたので、ここで

図44　石製天馬（8世紀　乾陵）

は鳥、蝶、蜂、蜻蛉、マカラなどを挙げてみよう。

鳥は『淮南子』地形訓には「羽嘉（鳥類の始祖）は飛龍を生み、飛龍は鳳皇を生み、鳳皇は鸞鳥《らんちょう》を生み、鸞鳥は庶鳥を生んだ。すべて羽質のものは庶鳥から生まれた」と記されている（劉安〔戸川芳郎ほか訳〕『淮南子』平凡社）。羽のあるものはすべて鳥から生まれたと考えられていた。天下に良いことがあると、天から鳳凰や鸞鳥が舞い降り、反対に天下に凶事があるとこれらの鳥は影をひそめ舞い降りないのである。

河南省洛陽市澗西七里漢墓から出土した百花炉（二世紀）は、炉柱の部分と炉台の部分に分かれている。炉柱は樹木になっていて、一番上に鳳凰の形をした炉盞《ろさん》を置き、上の枝に仙人や蟬、下の枝に鳥・龍・仙人、炉座には仙人・鹿・虎・豚などがいるものである。鳳凰・蟬・鳥・龍などが仙人とともにいることは、この墓の主人の神仙世界への憧れを表したもので、死後に神仙世界の楽園に行くことを願ってのものであろう。

蜂、蝶、蜻蛉は羽が生えていて、すべて飛んでいるものである。『淮南子』天文訓には「毛羽（鳥獣）は飛翔し走行する類種ゆえ、陽もの」として羽が生えているものは天に通じていた（孟昭達『中国虫文化』天津人民出版社）。蝶や蜻蛉は蛹《さなぎ》や幼虫から変化する虫であり、その変化は不死の世界に通じるものである。それらの動物がいる不死の世界は憧れの神仙世界を表すものであろう。

一方、仏教の楽園の仏国土では「如来によって化作された鳥どもの群れの訪れる河岸には白鳥や、鴻鶴《こうかく》や、むくどりや、鴨や、オウムや、さぎや、ほととぎすや、クナーラ鳥や、カラヴィンガ鳥や、孔雀など妙なるなき声がある」といわれる（中村元ほか訳『浄土三部経』岩波文庫）。すなわち、仏教徒にとってもたくさんの鳥や動物が平和に暮らす世界は楽園すなわち極楽であった。

また、これらの鳥や動物に混じって大きな口を開いた怪魚が入っていることもある。これはインドの想像上の動物であるマカラである。マカラは鰐《わに》のイメージをもとにして図像化されたもので、水・川・豊穣のシンボルで、清純を表すガンガー女神の乗り物としてあらわされている。バールフットの仏塔（紀元前二〜一世紀）の欄楯《らんじゅん》（玉垣）にはマカラに乗った女神が彫られている。マカラは中国で摩竭魚《まかつぎょ》と音訳され、唐時代の銀器などの図像としても用いられている。

庭園の図像

各地の庭園図像

古代エジプトの庭園

葡萄唐草文と人間を含めた動物がともにいる図像は、大地の豊穣を表すことから楽園の図像へと発展していくのであるが、その根底には王や貴族たちの庭園があった。たくさんの農作物が収穫できて、家畜が繁殖することは、古代から現代まで人間の願望であったから、大地の豊穣を神に祈ってきた。一方、王や貴族などの支配者たちは、広大な敷地に囲いをして、あらゆる植物や動物を中に入れて、自分たちの楽園を現実に作り上げていった。

イラクのバビロンに都したネブカドネザル二世は、屋上にいろいろな植物を植えてユーフラテス河から水を引いて屋上庭園を造ったことはよく知られていることである。建物の周辺に庭園をめぐらし、さまざまな植物を植えて涼をとることは、たくさんの森林があって水の豊かな地域から起こったことではなく、むしろ気候の乾燥している地域から起こったことであった。

古代エジプトではすでに新王国時代に王や貴族がナイルの水を引いて庭園を造っていた。新王国時代の墓の中に描かれた庭園には中央に広大な葡萄園を作り、庭園の周囲に棗椰子《なつめやし》やレバノン杉を植えて、葡萄園の左右には池を掘り、池の周りにパピルスを植えて魚を飼っていた。葡萄や棗椰子の木は、人間に水や食料を与えてくれる生命の樹であった。王や貴族の庭園内では、広大な葡萄園で収穫した葡萄の実でワインを醸造し、棗椰子を収穫し、パピルスで紙を作り、魚を食料として調理していた。つまり古代エジプトの庭園は、王や貴族の豊かさの象徴でもあったから、墓の中にも同様な庭園の図像が描かれ、あの世の楽園の図像として用いられたのである。

アルキノオス王の庭園

古代ギリシア文学の英雄オデッセウスの物語である『オデッセイア』には、スケリエー島のアルキノオス王の庭園が記述されている。この庭園は「門の扉に近接して、四畝もあるくらいの広い果樹園がつづき、そこには野梨やざくろ、実の輝くほどの林檎《りんご》だの、甘いいちじくだの、繁ったオリーブ樹だの、いろんな果樹が丈高く繁りあい、花を開いていた。そうした木々の実は、けっして腐らず、冬も夏も年中絶えるということがなかった。そこで始終柔らかい西風が吹き寄せて、木の実を実らせたり、熟させたりするので、梨の実は梨の実の上に、林檎は林檎の上に古びてゆき、一方ではぶどうの房が他の房の上に、いちじくはいちじくの上に年を重ねてゆくのであった」（ホメーロス〔呉茂一訳〕『オデッセイア』）と記されていて、ありとあらゆる植物が植えてあった。アルキノオス王の宮殿の庭園は太陽の恵みを受けて、葡萄が根をはり、葡萄を収穫してワインを醸造し、一年中野菜を作り、園内の二つの泉から水が涌《わ》き出ていて、市民たちが水を汲みにくる慣わしであった。古代ギリシアの庭園には大きな果樹園があり、泉が涌き、水が豊かに流れて、春夏秋冬に収穫できる果物や野菜がすべて植えてあった。すなわち、豊かな水が流れ出て、一年中実のなる果物や野菜がとれ、人々に安らぎを与えてくれる場所こそ、ギリシアの人々の楽園（パラデイソス）であった。ギリシアの黒絵式陶器に葡萄やオリーブの実の収穫、ワインの醸造している図像が描かれているのは、このような庭園内の果樹園における風景を描いたものであろう。

ローマの庭園

古代ローマの人々もまた庭園を作った。ポンペイの遺跡から発掘された遺構には、家の中に中庭を作り、水路や池、噴水を設《しつら》えたものであった。

池や噴水の周りには果実や花を植えたのであろう。同じようにポンペイから発掘された住宅に描かれたフレスコ画には、池や噴水の周りに花を植え、その後ろにたくさんの実をつけた柘榴《ざくろ》などを植えた果樹園があった。

一方、プリマ・ポルタのリヴィアの家から出土したフレスコ画は、オリーブや柘榴などがたわわに実り、木の下には薔薇《ばら》などの草花が咲き乱れ、その中を鳥たちが果物や花をついばんでいる庭園の図像である。このような庭園のフレスコ画は当時の人々が考えた理想の庭園を描いたものであって、ローマの人々の楽園の図像であった。

また、ローマの人々は郊外に別荘を持っていた。プリニウスはテュレニア湾に面したラウレンツゥムやトゥスキに別荘を持っていて、夏はトゥスキの別荘に行って、冬は海辺のラウレンツゥムの別荘に行っていたようである。ラウレンツゥムの別荘には庭園があり、庭園を囲む遊歩道に沿って黄楊《つげ》が植えられ、遊歩道の内側に葡萄の木陰道が続いていた。庭園の中にはこの土地で実をつけやすい無花果《いちじく》や桑を植えていた。ここでは泉や川はないが、この土地を少し掘るとすぐに水が涌き出てきて、海辺であるが塩辛くない水であるとプリニウスは書き記している（国原吉之助訳『プリニウスの書簡集』講談社学術文庫）。プリニウスの別荘はワイン貯蔵庫や家庭菜園があって、魚や牛乳がたやすく手に入り、自然の風景にも恵まれていた。プリニウスはたびたびこの別荘を訪れて、至福の時を過ごすのであった。ローマの庭園もギリシアの庭園と同様、噴水や池・水路を作り、多くの実をつける果実を植えた果樹園がある庭園であり、人々はこれらの庭園を理想の園と考えていた。

クセノポンが書いたキュロス王子の庭園

紀元前四世紀にアケメネス朝ペルシアのキュロス王子（アルタクセルクセス二世の弟）の反乱軍にギリシア人傭兵《ようへい》隊長として従軍したクセノポンは、従軍を記録した『アナバシス』にキュロス王子の庭園を記している。キュロス王子の庭園はプリュギアのケライナイという都市にあった。「ここにキュロスの宮殿と多数の野獣が棲む猟場があった。キュロスは自身の馬の訓練を試みる時には、騎馬でこの野獣を狩るのを常としていた。この猟場の中央をマイアンドロス河が流れているが、河はその源を宮殿に発し、ケライナイの町をも貫流している」（クセノポン〔松平千秋訳〕『アナバシス』岩波文庫）とあり、メナンドロス川のほとりの広大な敷地内に葡萄や無花果、柘榴などが植わり、ライオンやチータ、羊、羚羊、鹿などを放し飼いにした猟園《りょうえん》であった。この中でキュロス王子は貴族たちとともに、軍事訓練を兼ねたライオン狩りなどを行っていた。王や貴族の猟園、パエリダエサ（パイリダイダ、囲み地のこと）は、ギリシア語に伝わり楽園、パラデイソスを意味する言葉となるのである。

また、クセノポンが祖国アテナイから追放され、スパルタの好意でオリュンピアの近くのスキルスに住み着いた時、アルテミス女神のために神殿を建てた。そこはセリヌスという川が流れていて、あらゆる種類の猟獣を捕ることができ、軍事訓練のできる猟園であった。クセノポンの息子たちはアルテミス女神の祭りのために狩りに出かけ、野豚や羚羊、鹿などを取ってきて神殿に供えた。これらのアルテミス女神への供え物は町の人々に配られたのであった。

このような猟園は、すでにアッシリアのアシュールバニパル王のライオン狩りの浮彫りに見られる。この猟園は狩猟した動物に酒を注ぎ清めの儀式をする場所でもあった。また、葡萄の木の下でのアシュールバニパル王と王妃の饗宴《きょうえん》を表した浮彫りのように、安らぎのひとときを過ごす場所でもあったことが明らかであろう。

古代ペルシアの庭園

古代ペルシアの人々の宇宙観は世界が七つに分かれていて、その中心がフウァニラサといって人間が住む場所であり、その周りに六つの地域がある（図45）。フウァニラサの真中にハラー山があり、太陽がこの山の周りを回っているので半分が光の世であるが、その半分は闇の世界である。ハラー山からは川が流れ出ていて、海に注いでいた。この海はヴォウルカシャといわれ、あらゆる土地に水を運び、そこには「すべてを癒す木」生命の木が生えていると考えられていた（メアリー・ボイス〔山本由美子訳〕『ゾロアスター教』筑摩書房）。ロスアンジェルス、カウンティ美術館蔵の銀碗には中央に水鳥が泳ぐ湖があり、四方に葡萄の木が立っていて、その間に楽器を持った裸の女性とジャッカルがいる図像である。このような図像は古代ペルシア人の楽園の世界を表したものであった。ペルシア人たちは死んだ後も楽園に行けるものと信じていたので、良い行いをすると、魂の擬人化された処女ダエーナーに導かれて楽園にいったのである。この銀碗の葡萄の木は生命の木であり、女性はダエーナーである。

猟園を含む庭園は、アケメネス朝ペルシアからパルティア、ササン朝ペルシアへと伝えられていた。ササン朝ペルシアの銀器や織物には、帝王がライオン、羚羊などを狩猟している帝王狩猟図が用いられている。これらの図像はササン朝ペルシアの王や貴族の猟園で行われた狩猟を銀器や織物に表したものである。そして織物や銀器は中国に運ばれ、その図像を中国風にした帝王狩猟図が中国製の織物や銀器、鏡に用いられたのである。

中国の皇帝と貴族の庭園

中国では前漢時代に皇帝や貴族が広大な苑囿《えんゆう》をもっていた。『史記』司馬相如列伝には、楚王《そおう》の雲夢《うんぼう》や武帝の上林苑《じょうりんえん》について記述されている。楚王の雲夢は九〇〇里四方の広さの中に山・川・平地・涌き水のある泉

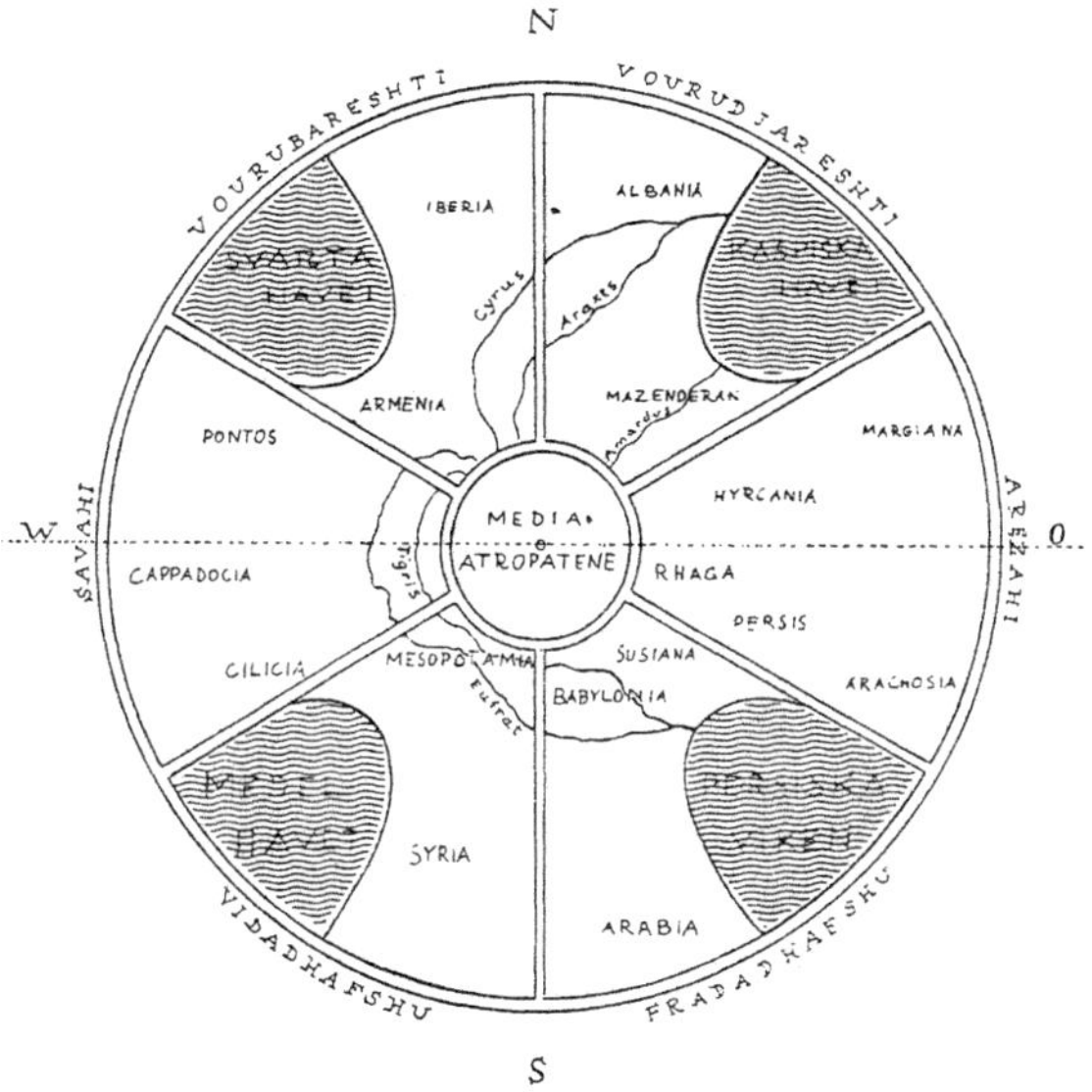

図45　古代ペルシアの宇宙観
（L.I. Ringbom, Graltempel und Paradies による）

と清らかな池があり、ここにはありとあらゆる香草や植物が生えていて、動物が放し飼いにされていた。楚王はこの苑囿の中で狩猟をしていた。

一方、武帝の上林苑は楚王の雲夢をさらに広くしたもので、八つの河が東西南北に交差して流れ、池や山、岡に珍しい鳥、魚、動物が飼われていて、葡萄をはじめとするありとあらゆる珍しい植物（草、木）が植えられていた。天子は上林苑の中でこれらの獣や鳥を狩猟したり、酒宴を行ったのである。

また、『後漢書』梁冀伝《りょうきでん》には梁冀の大邸宅のことが記されている。梁冀の庭園は築山を作り、外国から汗血馬を取り寄せ、珍しい鳥や飼いならした獣が放し飼いにされていた。梁冀と夫人はその中を馬車で散歩したと記されている。漢時代には天子や諸侯たちはかなり広い敷地を庭園として作り、珍しい鳥や獣、珍しい植物を植え、この中を散歩したり、鳥や獣を狩りして楽しんだのである。

このように広大な敷地の中に山や川、池があり、葡萄などの珍しい植物が植えられていて、珍しい動物や鳥が躍動する世界は、満城漢墓《まんじようかんぼ》出土の博山炉や河北省定州市《ていしゆうし》三盤山《さんばんざん》一二二号漢墓出土金銀玉象嵌筒形金具《きんぎんぎよくぞうがんつつがたかなぐ》などに表現された神仙世界を、現実の世界に再現したものであろう。そして、天子が良い行いをすると麒麟や白麟《はくりん》があらわれて天子の徳をたたえるのであると、信じられていた。苑囿の中に麒麟や白麟などの瑞獣《ずいじゅう》が出現することこそ、中国の楽園の世界であった。

このような天子の広大な苑囿は漢時代から唐時代になっても引き続き作られた（村上嘉実「唐都長安の王室庭園」『関西学院史学』三）。唐時代には大明宮の外の禁苑に果樹園や宮殿、亭などが設けられ、漢時代の苑囿と同じように軍事訓練を兼ねた狩猟や農事などが行われた。西安市南郊何家村の穴蔵から出土した銀鍍金狩猟文杯《ぎんときんしゅりょうもんはい》には、草花が咲き乱れるの中で騎馬に乗り狩りをする人々が描かれている。また。永泰公主墓の石槨《せっかく》には、やはり草花が咲き乱れる中に宮廷の女性たちがたたずむ風景が線刻されている。このような図像は、天子の苑囿における狩猟や宮女を図像化したものにほかならないが、もとの図像はササン朝ペルシアの銀器より導入したものであった。葡萄唐草文と動物、鳥の図像も西方の銀器の図像を取り入れたものであるが、中国的な図像にするにあたり天子の苑囿をイメージして図像化したのではないだろうか。

海獣葡萄鏡図像の誕生——エピローグ

葡萄《ぶどう》唐草《からくさ》と人物・動物を描いた図像を西方から中国へとたどってきたが、それは地中海沿岸のヨーロッパから西アジア、北アフリカ、北インド、中国とユーラシアをひとまわりするほどの広大な地域に伝えられていた。このような図像が中国まで伝わってきた背景には、地中海沿岸のヨーロッパから東トルキスタンまで葡萄の栽培とワインの醸造がこれらの地域の経済的な一面を担っていたからであった。この地域の人々は葡萄がよく実り、美味しいワインができなければならなかったから、ディオニュソス神やこれらの地域の大地豊穣神に葡萄の収穫を祈ったのである。葡萄栽培を行っている地域では、ディオニュソス神を迎えて祭りをするのである。ディオニュソス神の祭りは太陽が元気になる十二月ごろから三月にかけて各地で行われた。黒絵式陶器には葡萄唐草文と大地母神であるディオニュソス神の図像が描かれている。

葡萄唐草文とディオニュソス神の図像は、大地母神的なものからしだいに葡萄栽培とワイン醸造の楽園的な図像へと変化していった。アッティカ式の石棺に彫刻された葡萄唐草文とディオニュソス神、動物の図像は石棺《せっかん》に葬られた死者の楽園への再生を願ったものであろう。それはキリスト教の楽園図像の成立にも関連している。初期のキリスト教はローマ帝国では禁止されていたから、キリスト教徒たちは当時すでに存在していた異教の図像を巧みに利用して、キリスト教の図像を作り出していったのである。ローマのコンスタンツァ廟の天井に描かれたモザイク画は、中央にコンスタンツァの肖像を配し、その周りに葡萄唐草文と鳥、葡萄の収穫とワインの醸造が描かれたものであった。このような図像は異教の図像であるが、葡萄の木はキリストを表したものであるから、コンスタンツァがキリスト教の楽園にいることを表したものであろう。

葡萄唐草文とディオニュソス神、動物の図像は西アジアや中央アジアではその地域で元来信仰されていた大地母神とともに表されるようになっていった。古代ペルシアではいわゆるアナーヒター女神あるいは死者の魂の擬人像であるダエーナーなどの若い女性像と孔雀、鳥などとともに表された。また、インドでは豊穣と財宝神であるクベーラ・ヤクシャやヤクシニーとともに表現された。これらの図像は南北朝時代に中国へ仏教図像とともに流入し、石窟寺院の装飾として用いられた。また、それと同時に西王母や東王公とともに神仙世界の装飾としても用いられた。

隋・唐以前の銅鏡背面の図像は、四神《ししん》鏡《きょう》や西王母を表した神獣鏡などである。『山海《せんがい》経《きょう》』に記述されている西王母は、崑崙《こんろん》の山に住み、その姿は豹の尾を持ち、口には虎の歯が生え、頭には玉勝を乗せていた。あたかも山姥《やまうば》のようで、とても恐ろしい姿であるが、不死の仙薬を所持していた。後漢時代になると、西王母は東王公（東王父）と対になって、東王公が太陽で西王母が月という二元的な関係になる。太陽は東から昇り西に沈むが、夜に西の女神のところで再生の能力を獲得し、再び東から昇るのである。月の兎が搗《つ》いているのは不死の仙薬であって、太陽を再生させるものである（小南一郎『西王母と七夕伝承』平凡社）。西王母の住む世界は永遠の生命を得る楽園の世界である。神獣鏡に描かれた西王母と東王公はこのような意味を秘めた図像であり、この時代の人々の楽園図像であった。

隋から唐時代には西域との往来がそれ以前の時代よりもさらに活発になり、西方の新しい文物と同時に新しい図像も流入している。このような新しい西方の図像が西王母や東王公の図像にとって代わり、新しい西方の図像である葡萄唐草文と中国の瑞獣や鳥が躍動する図柄を表した海獣葡萄鏡の図像へと変わっていったのである。唐時代の鏡は思想性がなくなってきているといわれているが、西方的な楽園図像を中国的な楽園図像の中に吸収し、新たな楽園図像に仕立て直しているのであって、決して思想性がなくなったのではない。

また、内区にいる従来「海獣」とよばれた獣たち——獅子・麒麟・天馬・孔雀などは、かつて西方から中国にもたらされ中国の聖獣になったものである。獅子や天馬は中国に入ってきても墓や廟を守る動物として墓の周囲に置かれた。孔雀は永遠の生命を意味していて、古代ペルシアで王や王宮を守るスィーモルグの羽として用いられている。麒麟は天子が善政を行った時に現れる瑞獣である。いわばこれらの動物や鳥は楽園を守っているものと、良いことがあるとどこともなく現れる瑞獣なのである。

一方、外側にいる動物は内区の動物にも用いられることもあるが、小さな動物は羽のあるものと大きくなるにつれて脱皮を繰り返す動物である。羽のある動物や鳥は天に通じていて、蛹《さなぎ》や幼虫から変化する動物は不死の世界を表すものである。不死の世界は神仙の世界を表すものであろう。これらの動物や葡萄の生えている世界は不死の楽園の世界を表したのではないだろうか。

ただ、仏教徒にとっての楽園は仏国土である。雲崗石窟《うんこうせっくつ》第一〇窟の拱門《きょうもん》の葡萄唐草文と鳥、麒麟などの装飾に見るように、この図像は仏教徒にとっても楽園の図像であった。拱門をくぐると多数の仏像が彫刻された部屋にでるのであるから、俗世界とはまったく異なった世界が展開するわけで、そこは仏の国にほかならない。仏国土は多数の鳥や動物が平和に暮らすところであり、仏教徒の楽園であった。すなわち、この鏡の図像は西方の不死の植物と中国の瑞獣たちがいる楽園の世界を描いたものであろう。

あとがき

葡萄唐草文と人物、禽獣のいる図像を地中海世界、西アジア、中央アジアと広い地域を点と線でつないでいくことは、私にとって大変難しい作業であった。

本書は「海獣葡萄鏡の誕生」という副題がついているにもかかわらず、海獣葡萄鏡そのものがあまり登場しないことを、不思議に思う方がいるかと思う。海獣葡萄鏡の中に描かれている葡萄の図像は西方から中国へと伝播した図像である。その図像の中の一つである葡萄唐草文と人物、禽獣の図像の伝播を跡づけ、海獣葡萄鏡の図像の成立過程を検討することが本書のテーマであったから、したがって海獣葡萄鏡そのものが出てこないのは当然のことである。

私が西方から中国へと広い地域を葡萄唐草文と人物、禽獣の図像を追跡することを考えたのは、一九九二年に勤めている大学で「文学と絵画に表現された庭園」についてのシンポジウムがきっかけであった。広い視野から発表された文学、絵画あるいは現実の庭園に関する研究は、とても刺激的でかつ興味深い内容であった。このシンポジウムに刺激されて海獣葡萄鏡の図像を広い視野から多方面にわたって調べてみようと思ったのである。海獣葡萄鏡の図像はその後ずっと私の頭の中にあったが、図像の分布している地域があまりに広いことなどからそんなに簡単にできる作業ではなく、なかなか手がつかずにいた。それから数年たってやっとまとめることができた。こんなに長くかかったのは、私が怠けていたからに他ならない。

私は二年前から中央アジアの遺跡調査に参加しているが、遺跡に到達するまでの移動の際に、道路際に延々とつづく西瓜《すいか》やメロンを売る店でこれらの果物を購入し、休憩の時に水がわりに食べる果物の美味しさはまた格別のものである。我々が調査に行くころにはまだ葡萄はあまり実っていないが、調査も半ばをこすとバザールで山になった葡萄を見ることができる。おそらく乾燥している地域では葡萄も生命の水となって人々の喉を潤していたのに違いない。中央アジアの遺跡では葡萄唐草文の図像以外に、葡萄に関する経済文書や醸造所、貯蔵庫などが出土しているが、東方と西方の中継点であるこの地域においてさらに海獣葡萄鏡に関連のある資料が出土することを密かに期待するものである。

おわりに、本書を書く機会を与えてくださり労をとっていただいた吉川弘文館編集部の方々に心からお礼申し上げる次第である。

二〇〇〇年六月

石渡美江

著者紹介

一九四三年、東京生まれ

一九六五年、國學院大學文学部史学科卒業

現在、東京大学教養学部文部技官

主要著書・論文

博物館事典〈共著〉

「甘粛省靖遠出土鎏金銀盤の図像と年代」『古代オリエント博物館紀要』vol.IX

「唐鏡における西方銀器の影響」『古代オリエント博物館紀要』vol.XVIII

歴史文化ライブラリー

97

楽園の図像

海獣葡萄鏡《かいじゅうぶどうきょう》の誕生

二〇〇〇年(平成十二)七月一日　第一刷発行

著　者　石《いし》渡《わた》美《み》江《え》

発行者　林　英　男

発行所　株式会社　吉川弘文館

東京都文京区本郷七丁目二番八号

郵便番号一一三─〇〇三三

電話〇三─三八一三─九一五一〈代表〉

振替口座〇〇一〇〇─五─二四四

印刷＝平文社　製本＝ナショナル製本

装幀＝山崎　登

歴史文化ライブラリー

1996.10

刊行のことば

現今の日本および国際社会は、さまざまな面で大変動の時代を迎えておりますが、近づきつつある二十一世紀は人類史の到達点として、物質的な繁栄のみならず文化や自然・社会環境を謳歌できる平和な社会でなければなりません。しかしながら高度成長・技術革新にともなう急激な変貌は「自己本位な刹那主義」の風潮を生みだし、先人が築いてきた歴史や文化に学ぶ余裕もなく、いまだ明るい人類の将来が展望できていないようにも見えます。このような状況を踏まえ、よりよい二十一世紀社会を築くために、人類誕生から現在に至る「人類の遺産・教訓」としてのあらゆる分野の歴史と文化を「歴史文化ライブラリー」として刊行することといたしました。

小社は、安政四年（一八五七）の創業以来、一貫して歴史学を中心とした専門出版社として書籍を刊行しつづけてまいりました。その経験を生かし、学問成果にもとづいた本叢書を刊行し社会的要請に応えて行きたいと考えております。

現代は、マスメディアが発達した高度情報化社会といわれますが、私どもはあくまでも活字を主体とした出版こそ、ものの本質を考える基礎と信じ、本叢書をとおして社会に訴えてまいりたいと思います。これから生まれでる一冊一冊が、それぞれの読者を知的冒険の旅へと誘い、希望に満ちた人類の未来を構築する糧となれば幸いです。

吉川弘文館

〈オンデマンド版〉

楽園の図像

海獣《かいじゅう》葡《ぶ》萄鏡《どうきょう》の誕生

歴史文化ライブラリー
97

2017年（平成29）10月1日　発行

著　者　石《いし》 渡《わた》 美《み》 江《え》

発行者　吉 川 道 郎

発行所　株式会社　吉川弘文館
〒113-0033　東京都文京区本郷7丁目2番8号
TEL　03-3813-9151〈代表〉
URL　http://www.yoshikawa-k.co.jp/

印刷・製本　大日本印刷株式会社

装　幀　清水良洋・宮崎萌美

石渡美江（1943～）

ISBN978-4-642-75497-2